Spreewald · Lausitz
Märkisch-Oderland

›Und daß dem Netze dieser Spreekanäle nichts von dem Zauber von Venedig fehle, durchfurcht das endlos wirre Flußrevier in seinem Boot der Spreewalds-Gondolier!‹ schwärmte schon der Dichter Theodor Fontane. Seit eineinhalb Jahrhunderten verzaubert die heute knapp 500 Quadratkilometer große Wasserlandschaft die Besucher. Der Spreewald ist der bekannteste Flecken der Lausitz, die sich, bisher fast unbemerkt, im Osten Deutschlands versteckt.

Vom Oderbruch über den Spreewald bis zu den Höhen des Zittauer Gebirges ist ein buntes Landschafts-Kaleidoskop zu entdecken: naturnahe Flussauen, Seen, künstliche Wasserflächen aus Tagebauen, faszinierende Mondlandschaften der Braunkohlegruben, herrliche Parkanlagen, stille und weitläufige Heide- und Teichlandschaft, natürliche Bergmischwälder, Sandsteinkletterfelsen und erloschene Vulkane. Darin eingebettet sind mittelalterliche Stadtbilder, Schlösser, Kirchen und Klöster, Museen mit Kultur, Kunst und Industriegeschichte, Schmalspurbahnen, ja sogar einen Saurierzoo.

Exzellente Kulturerlebnisse versprechen die Veranstaltungen in der Frankfurter Konzerthalle ›Carl Philipp Emanuel Bach‹, die Neue Lausitzer Philharmonie, Deutschlands jüngstes Orchester mit Sitz in Hoyerswerda, das Görlitzer Musiktheater, das Europera-Jugendorchester mit Sitz in Zittau, der Bautzener Theatersommer und in Cottbus das Brandenburgische Staatstheater sowie das Festival des jungen Osteuropäischen Films jedes Jahr Ende November.

Die Lausitz ist Sorbenland, die Heimat des kleinsten slawischen Volks. Ihre Traditionen pflegt es bis heute. An vielen Ortseingängen und auf Straßenschildern sind die Namen in zwei Sprachen zu lesen: Niemand muss sich aber schon außerhalb Deutschlands wähnen.

Vom Spreewald einmal abgesehen, gibt es in der Region kaum Massentourismus. Es kommen eher die Individualisten. Für sie entstand ein vorzügliches und engmaschiges Radwegenetz. Beliebt sind vor allem Spree- und Oder-Neiße-Radwanderweg. Doch auch zu Fuß kann man die schönsten Gegenden auf markierten Routen kennenlernen. Die Lausitzer Autoren Kerstin und André Micklitza und der Fotograf Jörg Axel Fischer sind auf Entdeckungsreise gegangen – Nachahmung lohnt.

Schlepzig: Auch Störche schätzen schöne Lagen.

Titel: Kahnkorso in Lübbenau im Spreewald.

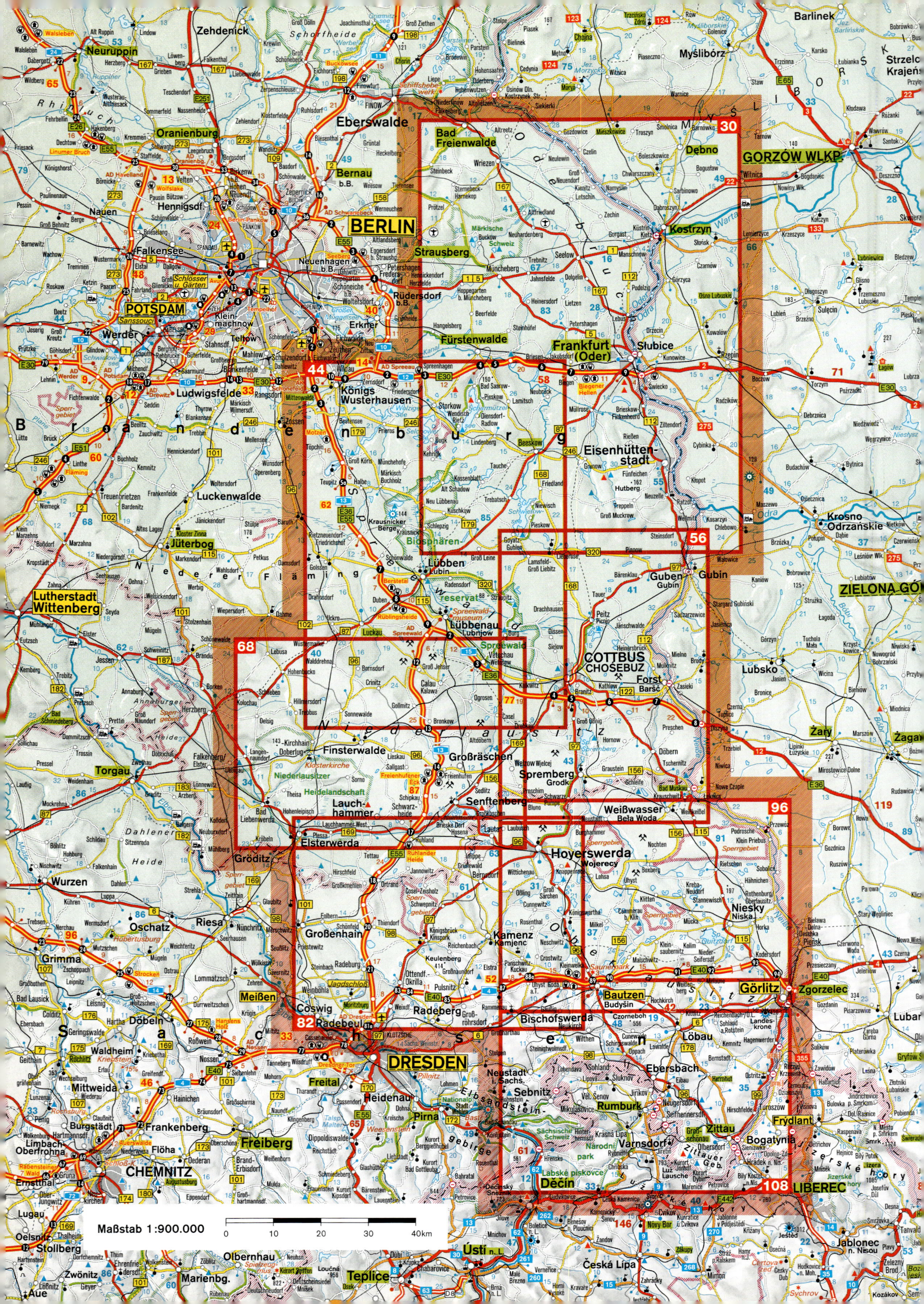

Zehdenick
Neuruppin
Oranienburg
Eberswalde
Bad Freienwalde
Bernau b.B.
BERLIN
Strausberg
Nauen
Hennigsdf.
Falkensee
POTSDAM
Werder
Teltow
Klein-machnow
Rüdersdorf
Erkner
Fürstenwalde
Frankfurt (Oder)
Słubice
Kostrzyn
Dębno
Myślibórz
Barlinek
GORZÓW WLKP.
Ludwigsfelde
Königs Wusterhausen
Eisenhüttenstadt
Luckenwalde
Jüterbog
Lutherstadt Wittenberg
Lübben
Lübbenau
Guben
Gubin
Krosno Odrzańskie
ZIELONA GÓRA
COTTBUS
CHOSEBUZ
Forst
Lubsko
Żary
Finsterwalde
Großräschen
Spremberg
Senftenberg
Lauchhammer
Elsterwerda
Torgau
Weißwasser
Hoyerswerda
Niesky
Großenhain
Riesa
Oschatz
Wurzen
Grimma
Kamenz
Bautzen
Görlitz
Zgorzelec
Meißen
Coswig
Radebeul
Radeberg
Bischofswerda
Löbau
DRESDEN
Freital
Heidenau
Pirna
Sebnitz
Rumburk
Ebersbach
Zittau
Frýdlant
Bogatynia
Varnsdorf
Děčín
LIBEREC
Jablonec n. Nisou
Döbeln
Waldheim
Mittweida
Frankenberg
Burgstädt
Flöha
CHEMNITZ
Freiberg
Stollberg
Olbernhau
Marienbg.
Ústí n. L.
Teplice
Česká Lípa
30
44
56
68
82
96
108
Maßstab 1:900.000
0 10 20 30 40km

Inhalt

Einkaufen oder nur staunen in Görlitz' Konsumtempel im Jugendstil. Erbaut 1912/13 als Kaufhaus Strauß, wurde es nach der Wende von Karstadt auf Hochglanz poliert.

Unterwegs auf Fließen und Seen

Wohl kaum einer vermutet ihn: den Wasserreichtum der Lausitz. Im Spreewald staken Kahn an Kahn zu den Attraktionen. Wer's aktiver mag, durchstreift im Paddelboot oder Kanu die Fließe – so nennt man hier die Flüsschen. Noch sportlicher geht es auf den schier zahllos scheinenden Seen zu, die sich vom Dahmeland vor den Toren Berlins bis zum Lausitzer Bergland verteilen. Außergewöhnliche Bade-, Surf-, Segel- und Tauchreviere sind darunter die großen Lausitzer Gewässer, die aus Braunkohletagebauen entstanden sind beziehungsweise gegenwärtig noch geflutet werden.

Hauptattraktion im Spreewald ist die Kahnpartie.

Sorben, Volk mit Traditionspflege

Einzigartig in deutschen Landen sind die Bräuche und Feste der sorbischen Minderheit. Zu feierlichen Anlässen werden die farbenfrohen Trachten gezeigt, etwa beim Zapust und Johannisreiten in der Niederlausitz, bei Prozessionen und Wallfahrten in der Oberlausitz. Herbsttradition sind Kirmes und Erntedankfest. Und zur Weihnachtszeit geht mancherorts das Bescherkind von Haus zu Haus. Bereits Medienereignis sind die Prozessionen hoch zu Ross am Ostersonntag.

Im Festtagsstaat: einer der insgesamt zehn Reiterzüge, welche die Osterbotschaft verkünden.

Standhafte Inseln des Glaubens

Schon Ende des 12. Jahrhunderts waren die Zisterzienser in der Mark Brandenburg ansässig. In der Oberlausitz gründeten sie ihre ersten Klöster im 13. Jahrhundert: Seit 1248 ohne Pause tätig ist das Zisterziensenrinnen-Kloster St. Marienstern bei Kamenz – neben der Zisterzienserabtei St. Marienthal bei Görlitz in Deutschland von unübertroffener Dauer. Dass auch sie einst bedeutsam waren, zeigen noch die Klosteranlagen in Neuzelle und Doberlug-Kirchhain.

Berauschender Barock: die ehemalige Klosterkirche Neuzelle südlich von Eisenhüttenstadt.

Freizeitland aus Kohlegruben

In der Lausitz unternimmt man alle Anstrengungen, die nach der Wende versprochenen ›blühenden Landschaften‹ Realität werden zu lassen. Bis Anfang der 1990er Jahre bestimmten riesige Tagebaue das Bild, war die Luft durch die Verarbeitung der Braunkohle extrem mit Schadstoffen belastet. Seitdem hat das Modernisieren der Kohle- und Energiewirtschaft und das Fluten mehrer Gruben die Umweltsituation erheblich verbessert. Und so manche Mondlandschaft wird nicht nur Freizeitrevier, sondern gar Naturschutzgebiet.

Industriegeschichte: Die Brikettfabrik von Knappenrode wurde Bergbaumuseum.

Erbaut
Heinlein-
Biere
sind doch
die besten!
Ruf 3907 u 3913
Hotel Goldener Adler

Alte Städte – neuer Glanz

Im Mittelalter gelangten sie zu Reichtum und Wohlstand: die Oberlausitzer Städte Bautzen, Görlitz, Kamenz, Löbau und Zittau. Wer durch ihre Straßen und Gassen schlendert, kann überall Geschichte atmen. Damit das auch in Zukunft so bleibt, wurde viel Geld investiert. Vor allem Görlitz konnte sich zum Herausputzen über zusätzliche Finanzmittel freuen: zuerst als eine von fünf Modellstädten in Ostdeutschland, seit 1995 durch das Förderprogramm ›Städtebaulicher Denkmalschutz‹.

Vielleicht schöner als je zuvor: das Hotel ›Goldener Adler‹ an Bautzens Hauptmarkt.

99 735

Mit Volldampf durch die Lande

Blumen pflücken während der Fahrt – in der Lausitz wär's noch möglich. Denn hier gibt es erstaunlich viele Schmalspurbahnen, die durch die Landschaft zuckeln. Und das mit festem Fahrplan: die Parkeisenbahnen von Cottbus und Görlitz, die Lausitzer Grubenbahn Knappenrode, die Waldeisenbahn Muskau um Weißwasser oder die Z.O.J.E., die seit 1890 von Zittau in Deutschlands kleinstes Mittelgebirge stampft.

Man nennt sie auch ›Zug ohne jegliche Eile‹, die Z.O.J.E., die Zittau-Oybin/Jonsdorf-Eisenbahn: Für ihre 13 Kilometer braucht sie eine knappe Stunde.

Spreewald und Lausitz:

Mit dem Dichter auf Tour

Noch heute, nach über hundert Jahren, reizt es, auf Theodor Fontanes Spuren durch die Mark Brandenburg zu wandern. Seine Bände ›Oderland‹ und ›Spreeland‹ führen in die Märkische Schweiz, die Landschaft zwischen Oder und Spree bis nach Lehde im Herzen des Spreewalds. Manches ist dort seit des Dichters Zeiten unverändert. Um einige schöne Landschaften jedoch hat er einen Bogen gemacht – wie etwa um das herrliche Schlaubetal.

Brandenburg, Sachsen, Polen

Als Ausflugsgebiet von den Berlinern lange entdeckt ist die Märkische Schweiz. Das Oderbruch sowie die Heide und Seen zwischen Oder und Spree sind noch weitgehend unbekannt. Im Süden schließt sich die Niederlausitz mit dem Spreewald an, alle diese Regionen gehören zum Land Brandenburg. Die gesamte Oberlausitz ist Bestandteil des Freistaats Sachsen – bis auf eine Ausnahme: Das Städtchen Ruhland gehört zu Brandenburg. Schwieriger ist es, die territorialen Grenzen zu bestimmen. Die Umrisse veränderten sich ständig, je nach dem politischen Schicksal der Landschaft. Viele halten heute die Neiße für die Ostgrenze der Lausitz. Historisch erstreckt sie sich aber weiter nach Osten bis zum Fluß Bober (Bóbr) und zum Oberlauf des Kweis (Kwisa), heute polnisches Staatsgebiet.

Einer von vielen: Im Schwielochsee am Nordrand der Lausitz sammelt sich das Wasser der Spree auf zwölf Quadratkilometer Fläche.

Łužica – die Lausitz

Ab dem 6. Jahrhundert kamen slawische Stämme in das Gebiet der Lausitz. Ihre Bewohner wurden ab dem 9. Jahrhundert als Lu(n)sizi bekannt. Im Laufe der Zeit bürgerte sich deren Name auch für die Landschaft ein. Die war einst durch großflächige Feuchtgebiete geprägt. Das sorbische Wort Łužica bedeutet Sumpf oder Morast. Zunächst bezeichnete der Name Lausitz nur die Niederlausitz.
In der heutigen Oberlausitz lebten die Milzener, ihre Heimat wurde Milzenerland genannt. Beide Volksgruppen trennte ein etwa fünfzig Kilometer breiter siedlungsfreier Raum. Damals wurde auch für dieses Gebiet anfangs der Name Lausitz gebraucht. Zur Unterscheidung bürgerten sich Mitte des 15. Jahrhunderts die Begriffe Ober- und Niederlausitz ein. Aus heutiger Sicht erscheint der Name Lausitz eher kurios: Bis auf den Spreewald und das Dubringer Moor sind alle früheren Feuchtgebiete verschwunden. Die Landschaft gilt als trocken und extrem waldbrandgefährdet.

Fließe und Auen: Spreewald

Wo entspringt eigentlich die Spree? Drei nicht weit voneinander entfernte Quellen stehen im Lausitzer Bergland an der tschechischen Grenze zur Auswahl. Eine am Kottmar bei Walddorf, eine in Ebersbach, die Generalfeldmarschall von Moltke 1887 zur wahren bestimmte, eine, die am Eingang des Neugersdorfer Volksbads sprudelt. Im Spreewald modellierte die letzte Eiszeit aus dem Fluss eine ausgeprägte Fluss- und Auenlandschaft: Die Schmelzwasser schütteten einen großen Schwemmsandfächer ins Urstromtal. Wegen des geringen Gefälles – etwa 10 bis 15 Zentimeter pro Kilometer – löste sich der Urstrom in hunderte kleine Rinnsale auf. Diese waren vielerorts von inselförmigen Sanddünen durchsetzt, den Kaupen.
Periodisches Hochwasser ließ das Entstehen eines geschlossenen Waldes nicht zu. Ein Auwald wuchs heran mit Erlenbrüchen, Laubwaldinseln, Sümpfen, Feuchtwiesen und hunderten Fließen. Nordumfluter und Talsperren im Spreeoberlauf verhindern heute Hochwasser im Spreewald. Die Sorben nennen die Auenlandschaft Błota. Ab dem 6./7. Jahrhundert siedelten Slawen in der Urlandschaft. Ab dem 14. Jahrhundert lichteten die Spreewaldbewohner den Wald. Durch das Roden gewannen sie neben Holz auch Ackerland. Friedrich der Große förderte den Zuzug vieler Kolonisten. Ihre Blockhäuser sind mancherorts erhalten.

Sorben, slawisches Volk ...

Heute leben zwischen Spreewald und Oberlausitzer Bergland, in je drei Landkreisen Brandenburgs und Sachsens sowie in den kreisfreien Städten Cottbus und Hoyerswerda etwa 60 000 Sorben (deutsche Bezeichnung: Wenden). Nachkommen der westslawischen Stämme, die einst die Lausitz besiedelten. Nur hier konnten sie ihre nationalen Eigenheiten und die Sprache bewahren: Die Lausitz lag über Jahrhunderte etwas abseits vom Weltgeschehen. Anderswo in Deutschland, wie im Wendland

Auch eine Lausitzer Besonderheit: Umgebindehäuser mit genialer Stützkonstruktion, hier im Kurort Oybin im Zittauer Gebirge.

an der Elbe, künden nur noch Namen von den einstigen slawischen Bewohnern, die bereits im 16. Jahrhundert germanisiert waren.
Bautzen gilt heute als ›sorbische Hauptstadt‹. An den Gymnasien von Bautzen und Cottbus wird die sorbische Sprache besonders gefördert. Auch in manchen Kindergärten, Grund- und Mittelschulen spricht man Sorbisch. Volkshochschulen bieten Kurse zu Sprache und Kultur der Sorben an.

... mit bunter Volkskultur

Zweisprachige Orts- und Straßennamen gehören zur Lausitz. Mancherorts tragen ältere Frauen noch immer die sorbische Alltagstracht. Man unterscheidet vier größere Gebiete mit eigenständiger Volkskultur: Zur niedersorbischen Folkloreregion zählen etwa 60 Gemeinden bei Cottbus.

Sorbische Trachten werden vor allem zu Volksfesten getragen. Manche sind vererbt, viele werden aber auch neu geschneidert.

Land, Leute, Geschichte

Ihre Bewohner sind überwiegend evangelisch. Das Sorbische hört man manchmal noch rund um Cottbus und in den Spreewalddörfern, als Alltagssprache jedoch ist es selten. Dennoch werden die überlieferten Bräuche bewahrt. Beim schönsten Fest, Zapust, der wendischen Fastnacht, ziehen singende Trachtenpaare durch fast 50 Dörfer Südbrandenburgs, um den Winter auszutreiben.
Die Hoyerswerdaer Folkloreregion umfasst knapp 50 Orte. In einigen wird noch immer vorwiegend Sorbisch gesprochen.
Das kleinste Folkloregebiet bilden sieben Dörfer um Schleife westlich von Weißwasser. Das Brauchtum wird hier vor allem in den Familien gepflegt – mit originellen Musikinstrumenten wie dreisaitiger Geige und sorbischem Dudelsack. Der Mischdialekt zwischen Nieder- und Obersorbisch ist vom Aussterben bedroht. Neben wenigen alten Schrotholzhäusern gehören die schönen Klinkerbauten hier zur Volksarchitektur.
Die obersorbische Folkloreregion umfasst 85 Dörfer. Der katholische Glaube ist bestimmend, geführt vom Domstift St. Petri in Bautzen und dem Kloster St. Marienstern bei Kamenz. In den Dörfern ist das Sorbische noch lebendig, auch in den sonntäglichen Gottesdiensten.

Lange Grenzgeschichte

Die deutsche Ostexpansion unter König Heinrich I. unterwarf bis 936 auch alle slawischen Stämme zwischen Elbe, Lausitzer Neiße und Oder. Der deutsche Einfluss beschränkte sich anfangs nur auf befestigte Stützpunkte und Siedlungen. Der polnische König Chrobry sah den Grenzverschiebungen gen Osten nicht tatenlos zu. Militärische Geplänkel wurden erst 1018 mit dem Frieden von Bautzen beendet: Für 14 Jahre gehörte die Lausitz zu Polen. Der deutsche Feudaladel förderte den Zuzug von Bauern, Handwerkern und Kaufleuten aus Franken, dem Rheinland und Thüringen, es entstanden die ersten Städte. Von 1076 bis 1253 und 1378 bis 1635 gehörten die Lausitz und der größte Teil Brandenburgs als Lehen zum Königreich Böhmen. Ende des 17. Jahrhunderts brachten eingewanderte böhmische Protestanten und französische Hugenotten das Tuchmacherhandwerk in die Lausitz. Reiche Rohstoffvorkommen ließen Töpfereien entstehen.

Blutige Schlachten

Schlesische Kriege (1740–1745) und Siebenjähriger Krieg (1756–63) forderten ihre Opfer: So wurden am 14. Oktober 1758 in Hochkirch bei Bautzen die Preußen von den Österreichern vernichtend geschlagen (15 000 Tote). Das preußisch-russische Heer lieferte den napoleonischen Truppen im Frühjahr 1813 zwei blutige Gefechte bei Weißig und bei Bautzen. Auf dem Wiener Kongress (1814/15) beschloss man die Teilung der bis dahin sächsischen Lausitz. Niederlausitz und nördliche Oberlausitz wurden Preußen zugeschlagen.
Hunderttausende Soldaten fielen im Frühjahr 1945, die blutigsten Schlachten fanden an den Seelower Höhen und bei den sechs Wochen dauernden Stellungskämpfen an der Lausitzer Neiße statt. Die Lausitzer Gebiete östlich der Neiße gehören seit Ende des Zweiten Weltkriegs zu Polen.

Vom Aussichtspunkt Grötsch östlich von Cottbus lässt sich die Braunkohleförderung im Tagebau Jänschwalde gut verfolgen.

Braunkohle: Abbau ...

Um die Mitte des 19. Jahrhunderts hatte mit dem Aufschluss der ersten Braunkohlegruben eine neue Epoche begonnen: Bis in die Gegenwart wird das Antlitz der Lausitz durch einen Flächenverbrauch von über 75 000 Hektar geprägt. Die Rohstoffgier war mit einem Raubbau an der Natur verbunden. Viele sorbische Dörfer, aber auch wichtige Naturschutzgebiete verschwanden unwiederbringlich von der Landkarte.
Nach Gründung der DDR wurde die Lausitz zum Kohle- und Energiezentrum. Die erste Großkokerei der Welt auf Braunkohlebasis entstand in Lauchhammer. Es folgte das Gaskombinat Schwarze Pumpe zwischen Spremberg und Hoyerswerda. Südlich von Frankfurt/Oder wurde neben dem Eisenhüttenkombinat Ost die erste sozialistische ›Wohnstadt‹ der DDR – Stalinstadt – aus dem Boden gestampft, 1961 nannte man sie in Eisenhüttenstadt um. Hoyerswerda wurde die erste sozialistische Plattenbausiedlung. Von 1968 bis 1971 wuchs in Boxberg bei Weißwasser Europas größtes Braunkohlewärmekraftwerk empor. Bis zur Wende im Herbst 1989 war die Lausitzer Luft extrem mit Schadstoffen belastet.
Heute sind von ehemals 30 Tagebauen noch fünf in Betrieb, drei riesige Braunkohlekraftwerke erzeugen Strom und Wärme. Dabei wurden in den vergangenen Jahren Rekorde aufgestellt: Im Braunkohlekraftwerk Jänschwalde arbeitet die weltgrößte Rauchgasentschweflungsanlage, im Kraftwerk Schwarze Pumpe steht der größte Dampfkesssel der Welt.

... und Rekultivierung

Bisher ist gut die Hälfte der Bergbauflächen rekultiviert. Vielerorts bereichern die künstlichen Landschaften das Bild der Lausitz. Neue Wälder wachsen heran, mehrere Gruben verwandelten sich in Badeseen, einige wurden Naturschutzgebiet oder -park. In einem kühnen Projekt soll die Internationale Bauausstellung ›Fürst-Pückler-Land‹ in der Niederlausitz eine künstliche Seenkette schaffen, die zum riesigen Wassersportzentrum werden soll.

Neues Standbein: Tourismus

Die Umweltsituation hat sich erheblich verbessert. Doch das Modernisieren der Kohle- und Energiewirtschaft sowie der Zusammenbruch von Glas- und Textilindustrie führten zur Massenarbeitslosigkeit. Neue Arbeitsplätze werden vom Tourismus erhofft, der anfängt, sich zum wirtschaftlichen Standbein zu entwickeln: Hübsch restaurierte Altstädte sowie viele neue Hotels, Pensionen, Gasthäuser und Restaurants erwarten die Besucher. Vielerorts versucht man, die Landschaft in Naturschutzgebieten, Naturparks und geschützten Biotopen zu bewahren.
Künstler wie der Berliner Ulrich Thiel haben die herrliche Landschaft schon entdeckt. Zusammen mit zwei polnischen Kollegen gestaltete er im Naturpark Schlaubetal einen Findlingspark. Die eiszeitlichen Steine aus dem Tagebau Nochten, behauen und bemalt nach Vorlagen historischer Kunstwerke verschiedenster Epochen und Kulturen, sollen die gegenseitige Beeinflussung der Kulturen verdeutlichen.

Runen- und Bildsteinpark bei Henzendorf: Motive nach uralten Vorlagen auf Findlingen aus dem Lausitzer Braunkohletagebau.

Das Oderbruch: seit der großen Flut im Sommer 1997 weithin bekannt.

Reizvoller Mix – Märkisch-Oderland

Mit der ›richtigen‹ Schweiz kann sie sich wahrlich nicht messen: Doch die Märkische Schweiz auf halbem Weg zwischen Berlin und der Oder zählt zu Brandenburgs beliebtesten Ferienzielen. Gesundheitsbewusste schätzen den Kneippkurort Buckow, das Heilmoor von Bad Freienwalde und das Thermalwasser in Bad Saarow. Der bunt gewebte Oderbruchteppich ist ein reizvoller Mix aus Menschenhand: verträumte Dörfer, stille Alleen, Felder, Wiesen und Weideflächen. Am Südrand liegt Frankfurt/Oder, Deutschlands wichtigstes ›Tor‹ zum Osten.

△ Am Schermützelsee bei Buckow

Müncheberg: Storchennest auf dem Frankfurter Turm, ... ▽

... Wächter am Berliner Turm ▽

△ Neue Attraktion: Therme in Bad Saarow

△ Schönes Ensemble: Fürstenwaldes Rathaus und Dom

Schlosspark Bad Freienwalde ▽

Freienwalde – ›hübsches Wort für hübschen Ort‹, vermerkte Fontane in seinen Reisenotizen. Das Kurstädtchen rahmen steile Berghänge des Oberbarnimer Waldhügellands und die Ebene des Oderbruchs. Bereits im 17. Jahrhundert veranlasste der Große Kurfürst Friedrich Wilhelm den Badebetrieb. Die heilkräftigen Mineralquellen zogen den preußischen Adel magisch an. Heute stützt sich der Kurerfolg aufs Moor – zur Linderung orthopädischer und rheumatischer Leiden. Bis 2003 strebt die Stadt die endgültige Anerkennung als Moorheilbad an. Schon ab 2001 soll das im 18. Jahrhundert erbaute Logier- und Badehaus als modernes Kurmittelhaus seine Pforten öffnen. Die Baupläne lieferte einst Carl Gotthard Langhans, der ›Vater‹ des Brandenburger Tors in Berlin.

Grüne Ehrenbürger

Erna und Kurt Kretschmann sind Ehrenbürger der Stadt Freienwalde und deutsche Öko-Pioniere. Seit fünfzig Jahren stellen sie ihr Leben in den Dienst der bedrohten Umwelt. Mit Zeitungsbeiträgen, Büchern und Ausstellungen leisteten sie Aufklärung in Sachen Natur. Zum Beispiel über die Eule, die noch Mitte des 20. Jahrhunderts hemmungslos bejagt wurde. Kurt Kretschmann setzte sich für sie ein: Er entwarf das Naturschutzsymbol mit der schwarzen Eule auf gelbem Grund. Es überlebte die DDR und ziert nun in ganz Deutschland Nationalparks und Biosphärenreservate. Naturfreunde werden durch den Schau- und Lehrgarten geführt, den die Kretschmanns seit über 30 Jahren rund um das Haus der Naturpflege betreuen.

Aus Sumpf wurde Ackerland

Vorbei an Obstbäumen und Kopfweiden, an weiten Feldern und Wiesen, führen die Wege durch die Fachwerk-Dörfer des Oderbruchs. Noch Mitte des 18. Jahrhunderts verfinsterten oft riesige Mückenschwärme das Tageslicht. Regelmäßig ergoss sich die Oder über das Land. Kronprinz Friedrich (II.) wurde Zeuge einer solchen Katastrophe und beschloss Abhilfe. Das Ausmaß der Arbeiten war gewaltig: So grub man der Oder auf 20 Kilometern ein

△ Historische Bockwindmühle bei Letschin im Oderbruch

△ Letschins Heimatstube erinnert an Theodor Fontanes Bezüge zum Ort

△ Letschin: Friedrich der Große Teils Ruine: Wriezens Pfarrkirche ▽

neues Flussbett, Deiche wuchsen und hunderte Kilometer Entwässerungsgräben. Eine königliche Offerte lockte Siedler aus vielen Ländern an, 30 neue Dörfer entstanden. Preußenkönig Friedrich der Große stellte fest: ›Hier habe ich im Frieden eine Provinz erobert!‹

Die Oder behielt ihre Tücken mit verheerenden Deichbrüchen. Bei der der letzten großen Flut im Sommer 1997 entgingen die Bewohner nur knapp einem Unglück. Besonders die Ziltendorfer Niederung südlich von Frankfurt wurde durch den Dammbruch deutschlandweit bekannt.

Universität an der Grenze

Die Gründung der ›Alma mater Viadrina‹ 1506 brachte Frankfurt/Oder anfangs viel Ungemach: ›...Trupps studierender Fürstensöhne zogen mit blitzenden Klingen durch die Stadt und wurden ob ihrer Dreistigkeit zum Straßenschreck, dass die Hausfrauen ihre Jungfern verbargen ...‹ 1811 verlegte Napoleon die Fakultät nach Breslau. Als Europa-Universität ›Viadrina‹ erlebte die Lehrstätte 1991 ihre Wiedergeburt. Hier, wo Geschichte und Geographie zum Nachdenken über Grenzen herausfordern, ist das Zusammenwachsen zwischen West- und Osteuropa schon fast alltäglich. Ein Drittel der Studenten sind Ausländer. Gelobt wird die familiäre Atmosphäre. Denn bei nur 4000 bis 5000 jungen Leuten lässt es sich in Ruhe studieren. Drei Fakultäten, Wirtschafts-, Rechts- und Kulturwissenschaften, sowie das Sprachenzentrum bieten an der ›Viadrina‹ Studiengänge an.

Schriftsteller mit Weltruhm

Heinrich von Kleist ist der berühmteste Frankfurter. 1777 erblickte er in der Oderstadt das Licht der Welt. Nach drei Semestern Philosophie an der ›Viadrina‹ widmete er sich ganz dem Reisen und der Dichtkunst. ›... man müßte wenigstens täglich ein gutes Gedicht lesen, ein schönes Gemälde sehen, ein sanftes Lied hören – oder ein herzliches Wort mit einem Freunde reden, um auch den schönern, menschlicheren Teil unseres Wesens zu bilden‹, brachte er zu Papier. Von 1805 bis 1806 arbeitete Kleist am Lustspiel

Herrliche Allee: B 1 bei Seelow

△ Frankfurt/Oder: heute Konzerthalle, die einstige Klosterkirche

Stolzer Schmuckgiebel am Alten Rathaus ▽

△ Direktverbindung mit Polen: Frankfurter Stadtbrücke über die Oder

△ Oderturm-Passage: moderner Kauftempel im Zentrum der Stadt

Die ›Viadrina‹ (1898–1903) im gründerzeitlichen Stilmix: außen Klassizismus und Jugendstil, innen Neurokoko ▽

Altes Rathaus: heute Kunstgalerie ▽

›Der zerbrochene Krug‹. Doch selbst mit Goethes Hilfe war der Komödie bei der Uraufführung in Weimar (1808) kein Erfolg vergönnt. Geringe Honorare, politische und familiäre Ränkespiele sowie das nationale Chaos trieben Kleist 1811 zum Selbstmord. Erst postum fand das Schaffen des ›größten, kühnsten, höchstgreifenden Dichters deutscher Sprache‹, so Thomas Mann, verdienten Ruhm. Eine Ausstellung in der ehemaligen Garnisonschule dokumentiert Kleists Leben und Werk.

›Ruine unter Dach‹

Frankfurts Marienkirche wurde von 1253 bis 1524 erbaut. Die mittelalterliche Handels- und Hansestadt leistete sich ein imposantes Gotteshaus im Stil der norddeutschen Backsteingotik. Einmalig sind die drei Medaillons in der Nordkapelle. Der Reichsadler des Heiligen Römischen Reiches Deutscher Nation, der doppelschwänzige böhmische Löwe und der brandenburgische Adler symbolisieren die Macht des Kaisers, böhmischen Königs und märkischen Landesherrn in einer Person: Karl IV. Ende des Zweiten Weltkriegs ausgebrannt, begannen ab 1979 die Wiederaufbauarbeiten. Seit 1996 hält der Dachstuhl auf dem Hallenumgangschor einen deutschen Rekord: Ein größerer wurde im 20. Jahrhundert nicht gezimmert. Die ›Ruine unter Dach‹ soll 2003 vollendet sein, 750 Jahre nach Baubeginn. Die geretteten Kunstschätze sind heute in der Gertraudkirche zu bewundern. Die herrlichen Glasfenster blieben russische Beutekunst.

Wandern durchs Schlaubetal

Das Städtchen Müllrose ist das nördliche Tor zum naturbelassenen Schlaubetal mit seiner Vielzahl an Landschaftsformen und Lebensräumen auf kleinem Raum. Hier beginnt die Wanderroute zur Bremsdorfer Mühle, mit 17 Kilometern ein Tagesprogramm. Im gleichnamigen Gasthaus kommt zum munter klappernden Wasserrad eine Schlaubetaler Spezialität auf den Tisch: gebratene oder gedünstete Lachsforellen. Wo der Weg in der wildromantischen Bachlandschaft sich an steilen Hängen entlang schlängelt, wähnt man sich fast im Mittelgebirge. Dank

△ ›Barockwunder der Mark‹: Neuzelles Klosterkirche St. Maria

△ Naturpark Schlaubetal: Runen- und Bildsteinpark Henzendorf

Am Sudkessel der Klosterbrauerei: Bier oder kein Bier? ▽

Burg Beeskow ▽

Idyllischer Schwielochsee: Wo früher Waren umgeschlagen wurden, verkehren heute Ausflugsschiffe ▽

An der Ausflugsgaststätte Bremsdorfer Mühle im Schlaubetal klappert munter ein Wasserrad ▽

des Naturschutz-Status liegen die umgestürzten Bäume hier so, wie sie gefallen sind. Später mäandriert das Bächlein durch Bruch, Moor und Wiesen – bis zum Südufer des Wirchensees, wo es entspringt.

Lausitzer erforscht Australien

Einen Namen am Schwielochsee hat das Dorf Trebatsch. Genauer sein Ortsteil Sabrodt, wo 1813 Ludwig Leichhardt geboren wurde. In Australien kennt ihn jedes Kind, hier nur wenige: Ein Stadtteil von Sydney, Flüsse, Berge, drei Dutzend Pflanzen und eine Känguruart tragen seinen Namen. 1841 machte er die erste Forschungsreise durch den fünften Kontinent, um den Weg von der Ost- zur Nordküste vorzubereiten. Die Expedition (1844/45) verlief erfolgreich. Der Versuch, die Westküste zu erreichen, scheiterte jedoch. Ein Brief vom 3. April 1848 ist bis heute das letzte Lebenszeichen des Lausitzers. Selbst Suchexpeditionen der jüngsten Zeit brachten keine Spuren. Trebatsch bewahrt sein Andenken in einem Heimatmuseum, das Leichhardt-Archiv befindet sich auf Burg Beeskow.

Gips, Wasser, Farbe und Bier

Eine päpstliche Enklave im protestantischen Brandenburg war bis ins 19. Jahrhundert Neuzelle. Die barocke Pracht erhielt das Kloster während der Gegenreformation. Der Marmor blieb dabei aber die Ausnahme: Das Imitat besteht aus Gips, Wasser und Farbe (Bild Seite 10/11). Echt dagegen sind die Traditionen der Klosterbrauerei. Ihr seit fast 700 Jahren gebrautes Schwarzbier verbindet wie die Mönchsarchitektur böhmische Süße mit norddeutscher Herbheit. Nach alter Rezeptur wird auch dem ›Schwarzen Abt‹ Invertzuckersirup beigemischt: Das Bier darf deshalb kein Bier sein, so jedenfalls meint die Brandenburger Landesregierung und beruft sich auf das deutsche Reinheitsgebot. Seit 1993 tobt der Bierstreit. Den Absatz hat er ungemein gefördert: Die Amtsposse machte das Klosterbräu deutschlandweit bekannt. Neuester Absatzschlager der Brauerei ist das Badebier. Als kosmetischer Artikel darf das Bier wieder Bier heißen. Innere Anwendung ist nicht verboten.

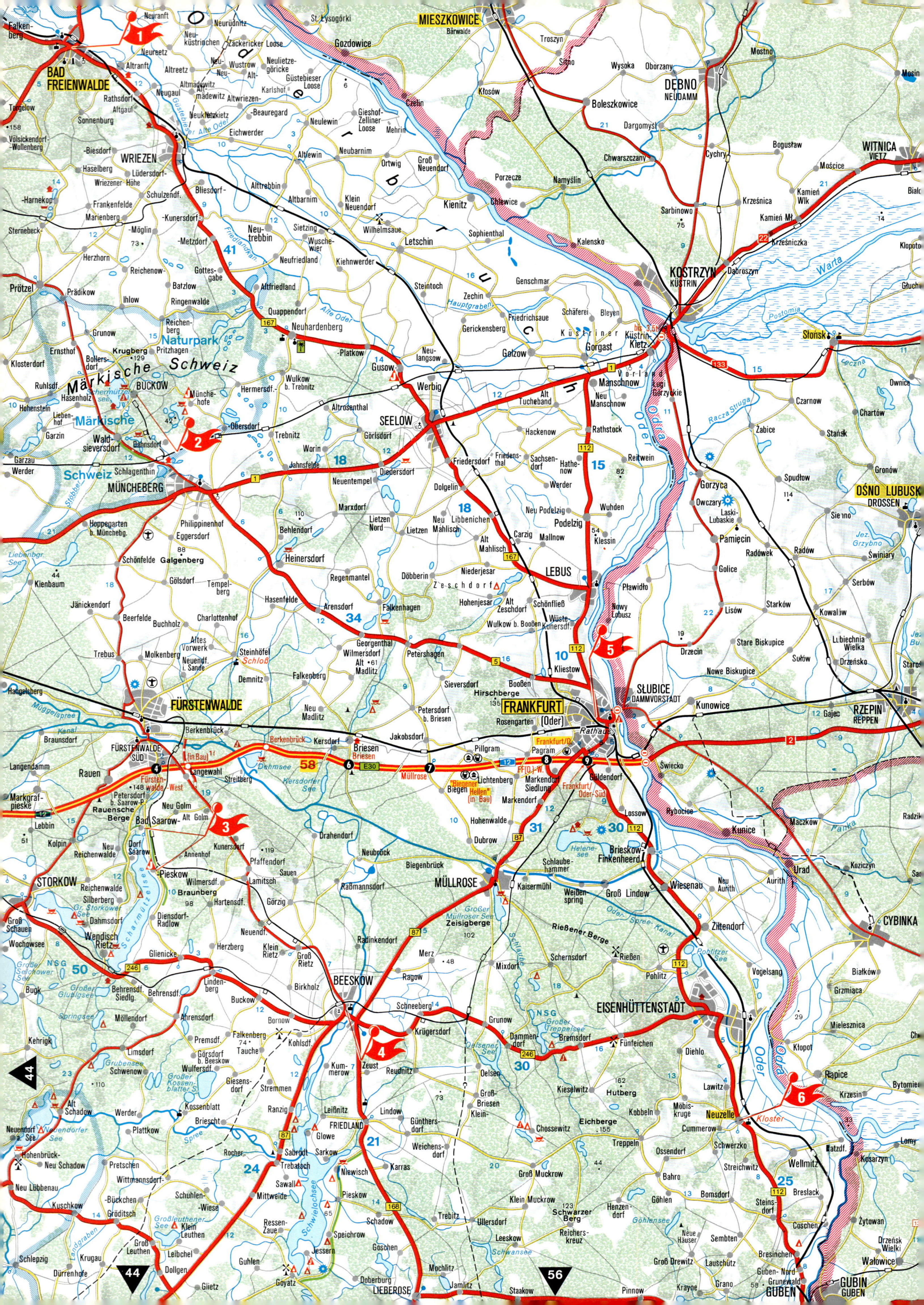

Falkenberg
Neuranft
BAD FREIENWALDE
Neurüdnitz
Neuküstrinchen
Zäckericker Loose
St. Łysogórki
Gozdowice
MIESZKOWICE
Bärwalde
Troszyn
Siekierki
Mostno
Neutrebbin
Wustrow
Altranft
Neulietzegöricke
Güstebieser Loose
Sitno
Wysoka
Oborzany
DĘBNO
NEUDAMM
Moryń
Rathsdorf
Altgaul
Sonnenberg
Tornow
Altmädewitz
Neumädewitz
Karlshof
Altwriezen
Beauregard
Czelin
Kłosów
Boleszkowice
Dargomysl
Völsickendorf-Wollenberg
Neulewin
Gieshof-Zelliner Loose
Mehrin
Eichwerder
Alte Oder
Chwarszczany
Cychry
Bogusław
WITNICA
VIETZ
Biesdorf
WRIEZEN
Haselberg
Wriezener Höhe
Lüdersdorf
Altwriezen
Neubarnim
Ortwig
Groß Neuendorf
Porzecze
Namyślin
Mościce
Kamień Wlk.
Harnekop
Frankenfelde
Schulzendorf
Bliesdorf
Altbarnim
Altrebbin
Klein Neuendorf
Kienitz
Chlewice
Krześnica
Sarbinowo
Marienberg
Kunersdorf
Möglin
Metzdorf
Neutrebbin
Sietzing
Wuschewier
Wilhelmsaue
Letschin
Sophienthal
Kalensko
Kamień Mł.
Krześniczka
Sternebeck
Herzhorn
Friedlandkan.
Neufriedland
Kiehnwerder
Steintoch
Genschmar
Zechin
Hauptgraben
KOSTRZYN
KÜSTRIN
Dąbroszyn
Warta
Reichenow
Gottesgabe
Altfriedland
Prötzel
Prädikow
Batzlow
Ringenwalde
Ihlow
Quappendorf
Alte Oder
Friedrichsaue
Schäferei
Bleyen
Gerickensberg
Küstriner
Küstrin-Kietz
Gorgast
Golzow
Postomia
Słońsk
Naturpark
Grunow
Reichenberg
Pritzhagen
Neuhardenberg
Platkow
Neulangsow
Gusow
Ernsthof
Krugberg
Bollersdorf
Märkische Schweiz
Klosterdorf
Ruhlsdf.
Hasenholz
BUCKOW
Münchehofe
Hermersdf.
Wulkow b. Trebnitz
Werbig
Alt Tucheband
Manschnow
Vorland
Neu Manschnow
Lugi Górzyckie
Czarnow
Owinice
Hohenstein
Lieben-hof
Märkische
Garzin
Waldsieversdorf
Bahnsdorf
Obersdorf
Trebnitz
Altrosenthal
SEELOW
Görlsdorf
Hackenow
Rathstock
Racza Struga
Żabice
Chartów
Stańsk
Garzau
Werder
Schweiz
Schlagenthin
MÜNCHEBERG
Worin
Jahnsfelde
Neuentempel
Diedersdorf
Friedersdorf
Friedensthal
Sachsendorf
Hathenow
Reitwein
Gorzyca
Spudłów
Gronów
OŚNO LUBUSKIE
DROSSEN
Dolgelin
Werder
Owczary
Laski Lubuskie
Marxdorf
Lietzen Nord
Lietzen
Neu Mahlisch
Libbenichen
Alt Mahlisch
Neu Podelzig
Podelzig
Wuhden
Klessin
Pamięcin
Radówek
Radów
Sienno
Jezioro Grzybno
Świniary
Hoppegarten b. Müncheberg
Philippinenhof
Eggersdorf
Behlendorf
Carzig
Mallnow
Liebenberger See
Schönfelde
Galgenberg
Heinersdorf
Niederjesar
LEBUS
Golice
Kienbaum
Gölsdorf
Tempelberg
Regenmantel
Döbberin
Zeschdorf
Płowidło
Serbów
Hasenfelde
Arensdorf
Falkenhagen
Hohenjesar
Alt Zeschdorf
Schönfließ
Nowy Lubusz
Lisów
Starków
Kowalów
Jänickendorf
Beerfelde
Charlottenhof
Buchholz
Wulkow b. Booßen
Wüste Kunersdorf
Stare Biskupice
Lubiechnia Wielka
Drzeńsko
Aites Vorwerk
Steinhöfel Schloß
Georgenthal
Wilmersdorf
Madlitz
Petershagen
Drzecin
Sułów
Trebus
Molkenberg
Neuendf. i. Sande
Demnitz
Kliestow
Nowe Biskupice
Hangelsberg
FÜRSTENWALDE
Falkenberg
Neu Madlitz
Sieversdorf
Booßen
Hirschberge
FRANKFURT (Oder)
Rosengarten
SŁUBICE
DAMMVORSTADT
Kunowice
RZEPIN
REPPEN
Gajec
Müggelspree
Braunsdorf
Berkenbrück
Kersdorf
Briesen
Jakobsdorf
Petersdorf b. Briesen
Rathaus
Pillgram
Pagram
Frankfurt/O.
FÜRSTENWALDE SÜD
Langendamm
Rauen
Dehmsee
Kersdorfer See
Müllrose
Biegener Hellen (in Bau)
Lichtenberg
Biegen
FF(O.)-W.
Markendorf Siedlung
Frankfurt/Oder-Süd
Güldendorf
Świecko
Markgrafpieske
Petersdorf b. Saarow-P.
Rauensche Berge
Fürstenwalde-West
Streitberg
Neu Golm
Alt Golm
Bad Saarow-Pieskow
Markendorf
Hohenwalde
Lossow
Rybocice
Mączków
Lebbin
Kolpin
Neu Reichenwalde
Dorf Saarow
Drahendorf
Dubrow
Kunitz
Pfaffendorf
Annenhof
Kunersdorf
Neubrück
Biegenbrück
Helenesee
Schlaubehammer
Brieskow-Finkenheerd
Urad
Koziczyn
STORKOW
Reichenwalde
Pieskow
Wilmersdf.
Lamitsch
Sauen
Rabmannsdorf
MÜLLROSE
Kaisermühl
Weißenspring
Groß Lindow
Wiesenau
Neu Aurith
Aurith
Silberberg
Gr. Storkower See
Dahmsdorf
Braunsberg
Hartensdf.
Görzig
Großer Müllroser See
Zeisigberge
Oder-Spree-Kanal
Ziltendorf
CYBINKA
Groß Schauen
Wochowsee
Wendisch Rietz
Scharmützelsee
Diensdorf-Radlow
Ragow
Rießener Berge
Rießen
Radinkendorf
Merz
Mixdorf
Schernsdorf
Pohlitzer See
Vogelsang
Białków
NSG
Großer Selchower See
Glienicke
Herzberg
Neuendf.
Klein Rietz
Groß Rietz
Pohlitz
Grzmiąca
Bugk
Großer Glubigsee
Behrensdf. Siedlg.
Behrensdf.
Lindenberg
Birkholz
BEESKOW
Buckow
Schneeberg
Grunow
Dammendorf
NSG Großer Treppelsee
Bremsdorf
EISENHÜTTENSTADT
Mieleszniça
Springsee
Möllendorf
Ahrensdorf
Bornow
Krügersdorf
Fünfeichen
Diehlo
Kłopot
Kehrigk
Limsdorf
Premsdf.
Falkenberg
Tauche
Kohlsdf.
Kummerow
Zeust
Reudnitz
Oelsener See
Oelsen
Rapice
Bytomiec
Grubensee
Schwenow
Wulfersdorf
Görsdorf b. Beeskow
Großer Kossenblatter See
Giesensdorf
Stremmen
Groß Briesen
Klein Briesen
Kieselwitz
Hutberg
Lawitz
Möbiskruge
Kobbeln
Neuzelle
Kloster
Krzesin
Alt Schadow
Werder
Kossenblatt
Ranzig
Leißnitz
Lindow
Günthersdorf
Eichberge
Cummerow
Neuendorf a. See
Neuendorfer See
Plattkow
Briescht
Spree
FRIEDLAND
Glowe
Weichensdorf
Chossewitz
Treppeln
Ossendorf
Schwerzko
Ratzdorf
Łomy
Hohenbrück-Neu Schadow
Pretschen
Wittmannsdorf
Rocher
Sabrodt
Trebatsch
Sarkow
Niewisch
Karras
Groß Muckrow
Bahro
Streichwitz
Wellmitz
Kosarzyn
Neu Lübbenau
Sawall
Mittweide
Schuhlen-Wiese
Bückchen
Pieskow
Schwielochsee
Klein Muckrow
Schwarzer Berg
Henzendorf
Göhlen
Bomsdorf
Breslack
Steinsdorf
Kuschkow
Gröditsch
Großleuthener See
Klein Leuthen
Ressen-Zaue
Speichrow
Schadow
Trebitz
Ullersdorf
Reichersskreuz
Göhlensee
Neue Häuser
Coschen
Żytowan
Groß Leuthen
Leibchel
Landgraben
Krugau
Schlepzig
Jessern
Goschen
Leeskow
Schwansee
Groß Drewitz
Sembten
Lauschütz
Bresinchen
Drzeńsk Wielki
Wałowice
Dürrenhofe
Dollgen
Guhlen
Goyatz
Gliëtz
Doberburg
LIEBEROSE
Mochlitz
Jamlitz
Staakow
Pinnow
Krayne
Grano
Guben-Nord
Grunewald
GUBEN
GUBIN
GUBEN
Oder
Odra
Oderbruch
Hohenwutzen
44
56

Wo gibt es was?

Fähnchennummer = Textnummer ℹ = Auskunft

Bad Freienwalde ①

Ältestes Eisen- und Moorbad der Mark (11 000 Einw.) mit Kurbetrieb seit 1683. **Sehenswert:** Im 1798/99 von D. Gilly klassizistisch umgebauten Schloss zeigt eine Ausstellung das Wirken des 1922 ermordeten Politikers W. Rathenau (mi–so 11–17 Uhr). Am Fuß der Heidelbeerberge plätschert die Kurfürstenquelle. Die Backsteinkirche St. Nikolai erhielt Mitte 15. Jh. ihr heutiges Aussehen.
Museen: Das Oderlandmuseum, Uchtenhagenstr. 2, vermittelt Einblicke in die Geschichte des Oderbruchs (di–fr 10–17, so 13–17 Uhr). Freilichtmuseum (di–fr 9–17, sa/so 11–17 Uhr) in *Altranft* (2 km südöstl.).
Aktivitäten: Beheiztes Freibad, Badeseen, Wander- und Radwege, Kutschfahrten.
Veranstaltungen: Stadtfest (Juni); Bismarckturmfest (Aug.); Konzerte in der Georgskapelle; Kurtheater, Lesungen und Theater im Teehäuschen; Kinocafé.
Umgebung: In *Wriezen* (9 km südöstl.) ist die 1945 zerstörte Pfarrkirche teilweise Ruine geblieben. In *Letschin* (27 km südöstl.) steht noch der Kirchturm (1819) K. F. Schinkels; Heimatstuben (di–so; Hoffest Aug.). In Ortsnähe eine Bockwindmühle.
ℹ Tourist-Information, Karl-Marx-Str. 25, 16259 Bad Freienwalde, Tel. 03344/3402.

Buckow ②

Kneippkurort am Schermützelsee im Herzen des Naturparks Märkische Schweiz. Schmelzwasser spülten nach der letzten Eiszeit tiefe Schluchten, so genannte Kehlen, in das Hochplateau. Die schönsten heißen Drachen- und Silberkehle.
Sehenswert/Museum: Im Brecht-Weigel-Haus, B.-Brecht-Str. 29, am Ostufer des Schermützelsees verlebten der Dramatiker B. Brecht und die Schauspielerin H. Weigel mehrere Sommer (April–Okt. mi–fr 13–17, sa/so 13–18, Nov.–März mi–fr 10–12 u. 13–16, so 11–16 Uhr). Den Schlosspark hat P. J. Lenné umgestaltet. Auf dem Poetensteig wanderten neben Fontane auch Eichendorff, Kisch und Brecht. Ein romantischer Pfad führt zur Wurzelfichte, einem 160 Jahre alten Naturdenkmal mit freiliegendem Wurzelwerk.
Aktivitäten: Kneipp-, Fasten-, Schrothkur, Baden (im See), Schermützelsee-Schiffsrundfahrt, Reiten, Wandern, Radfahren, Exkursionen mit der Naturwacht.
Veranstaltungen: Kurkonzert (April–Sept.); Musik in Dorfkirchen (April–Okt.); Böllerschießen (Mai–Sept.); Klassik im Grünen (Mai–Sept.); Sommertheater (Juni–Aug.), Rosentage (Juni); Int. Musikerwerkstatt (Aug.).
Umgebung: In *Neu-Hardenberg* (12 km nordöstl.), seit 1814 Besitz des Staatskanzlers von Hardenberg, tragen das Schloss und die Dorfkirche die Handschrift K. F. Schinkels. Der Schlosspark entstand nach Plänen P. J. Lennés. *Müncheberg*s (8 km südöstl.) alte Stadtbefestigung blieb größtenteils erhalten. In *Seelow* (20 km östl.) erinnert die Gedenkstätte mit Museum auf den Seelower Höhen an die Kämpfe im April 1945 (di–so 9–16.30 Uhr).
ℹ Fremdenverkehrsamt Märkische Schweiz, Wriezener Str. 1a, 15377 Buckow, Tel. 033433/57500.

Bad Saarow-Pieskow ③

Doppelort am Nordufer des Scharmützelsees – als Brandenburgs größter See auch ›Märkisches Meer‹ genannt. Anfang des 20. Jh. entdeckte man Mineralquellen. 1999 eröffnete Brandenburgs erstes Thermalbad. Das 34–39 Grad Celsius warme Solewasser kommt aus 450 m Tiefe.
Aktivitäten: Diskothek; Kuren, Wellness, Tennis, Golf, Reitsportzentrum, Segel-, Surf- und Motorbootschulen, Wandern, Radfahren, Kremserfahrten, See-, Schleusen- und Mondscheinfahrten.
Veranstaltungen: Kulturdarbietungen im Theater am See (ganzj.); Brunnenfest, Scharmützelseewoche, Segelregatta (Mai).
Umgebung: In *Fürstenwalde* (5 km nördl.; 34 100 Einw.) schönes Ensemble von Rathaus (1511) und Marienkirche (1146/1771).
ℹ Kur- und Fremdenverkehrs GmbH, Ulmenstr. 5, 15526 Bad Saarow, Tel. 033631/8680.

Beeskow ④

Der Ort entstand vor über 700 Jahren an einer Spreefurt.
Sehenswert: Die mittelalterliche Stadtmauer blieb mit sechs Backsteintürmen weitgehend erhalten; der Luckauer Torturm ist das Wahrzeichen der Stadt. An die ehem. Wasserfeste (13. Jh.) erinnern Bergfried und ›Altes Amt‹. Heute beherbergt die Burg das Kultur- und Bildungszentrum. Im Atelierhaus arbeiten Bildhauer, Maler, Töpfer, Schriftsteller. Kriegszerstört ist die Hallenkirche St. Marien (z. Zt. 2000 im Wiederaufbau). Ostbrandenburgs ältestes Haus steht in der Kirchgasse 2. In dem Fachwerkgebäude (1485) kann man eine Schauwerkstatt besuchen.
Museum: Burg Beeskow, Regionalmuseum, Ausstellungszentrum, Frankfurter Str. 23 (di–so 11–17 Uhr).
Akivitäten: Wandern, Radfahren, Kanu- u. Kajaktouren auf der Spree; Wassersportrevier *Schwielochsee* (14 km südl.).
Veranstaltungen: Altstadtfest (Juni); Bauernmarkt (Sept.); Musikfestivals, Konzerte, Theater, Kunstauktionen, Hof-/Kinderfeste.
Umgebung: In *Sabrodt* (10 km südl.) wurde 1813 der Australienforscher Ludwig Leichhardt geboren. Tor zum naturbelassenen *Schlaubetal* ist die Kleinstadt *Müllrose* (15 km nordöstl.).
ℹ Märkische Tourismuszentrale, Berliner Str. 30, 15848 Beeskow, Tel. 03366/22949.

Frankfurt/Oder ⑤

Ostbrandenburgs Oberzentrum (78 000 Einw.) und Universitätssitz ist eine grüne Stadt mit Grenzübergängen nach Polen.
Sehenswert: St. Marien ist Deutschlands größte Hallenkirche (13. Jh., 1945 zerstört, Wiederaufbau). Ein Schmuckgiebel (1610) ziert das Rathaus gegenüber. Konzerthalle ist die ehem. Klosterkirche (13. Jh.) vis-à-vis der Friedenskirche (ab 1230). Die neugotische Gertraudkirche birgt Kunstwerke aus St. Marien (Hochaltar, Taufe, Bronzen, Leuchter). Im Gründerzeitviertel Altberesinchen herrliche Jugendstilfassaden. Nach Plänen Lennés angelegt wurde der Volkspark (1830–45). Naturbelassen ist die Auenlandschaft an der Oder.
Museen: Museum Junge Kunst im Rathaus (mo geschl.). Museum Viadrina im ehem. Junkerhaus: Sammlungen aus der Hansezeit, Kunsthandwerk, alte Musikinstrumente (mo geschl.). Kleist-Gedenk- und Forschungsstätte, Faberstr. 7 (mo geschl.). Schulmuseum, Potsdamer Str. 4, mit Klasse um 1900 (mo, fr, so/fei geschl.).
Aktivitäten: Oderflussfahrten; am *Helenesee* (8 km südl.) Baden, Segeln, Surfen, Tauchen, FKK.
Veranstaltungen: Konzerte; Festtage der Musik (März); Deutsch-Polnisches Oderfest (Juni); Hansefest (Aug.); Neptunfest am Helenesee (Aug.); Kleist-Festtage (Okt.).
Umgebung: Herrliche Blicke über das Oderbruch von *Lebus'* Burgruine (8 km nördl.) u. *Reitweiner* Sporn (22 km nördl.).
ℹ Tourist-Information, Karl-Marx-Str. 8a, 15230 Frankfurt/O., Tel. 0335/325216.

Neuzelle ⑥

Wallfahrtsort nahe der Oderniederung am Rand ausgedehnter Kiefernwälder.
Kloster: 1268 stiftete Markgraf Heinrich der Erlauchte von Meißen das Kloster ›Nova Cella‹ zum Gedenken an seine verstorbene Frau. 1730 wurde die Kirche nach böhmischem Vorbild barockisiert. 1817 löste der preußische Staat das Zisterzienserkloster auf. Die Klosterbrauerei ist noch in Betrieb. Lohnend auch Kreuzgang, Klostergarten, barocke Pfarrkirche Heilig-Kreuz.
Veranstaltungen: Konzerte; Bibulibusfest (Mai) Fronleichnamsprozession; Opernsommer (Juli/Aug.); Klostermirakel (Sept.).
Umgebung: *Eisenhüttenstadt* (4 km nördl.) wuchs 1950–75 als Wohnstadt des Eisenhüttenkombinats Ost. Museum zum DDR-Alltag, Erich-Weinert-Allee 3 (di–fr 13–18, sa/so/fei 10–18 Uhr). Im eingemeindeten Fischerstädtchen *Fürstenberg/O.* lohnen Rathaus, Nikolaikirche und Fischerkiez mit engen Gassen. Feuerwehrmuseum, H.-Pritzsche-Str. 26 (di–do 10–17, fr 10–16, sa 14–17, so/fei 10–14 Uhr). In *Henzendorf* (10 km südwestl.) Runen- u. Bildsteinpark.
ℹ Tourismusinformation, Stiftsplatz 7, 15898 Neuzelle, Tel. 033652/6102.

Maßstab 1:300.000
0 2,5 5 7,5 10 12,5 15km

Spreewälder Attraktion:
Burgs Heimat- und
Trachtenfest am letzten
August-Wochenende.

Spreewald: ein Erlebnis, nicht nur zu Wasser

Wie kein anderer Fluss Mitteleuropas teilt sich die Spree zwischen Leibsch im Norden und Vetschau im Süden mit einem Mal in hunderte Fließe, Gräben und Kanäle. Fast alle Besucher zieht es von den touristischen Hauptorten Lübben, Lübbenau und Burg aufs Wasser. Andere paddeln durch das Labyrinth, radeln oder erkunden das Biosphärenreservat Ober- und Unterspreewald zu Fuß. Die Luckauer Altstadt und der nahe Naturpark Niederlausitzer Landrücken laden ins Umland ein.

Kirche von Schlepzig bei Lübben: außen Fachwerk, ... ▽

△ Ein typischer Schinkel: klassizistische Dorfkirche in Straupitz

Kinderstube Friedrich Wilhelms I.: Schloss Königs Wusterhausen ▽

... innen Kanzelaltar und Logen unter Wolkenhimmel ▽

△ Im Hof des Agrarhistorischen Museums Schlepzig

Junger Helfer beim Schleusen in Neu Zauche ▽

Das Wasser windet sich durch Äcker, Wiesen, Wald, Dörfer. Der Spreewald, das grüne Venedig, liegt nur eine Fahrstunde südöstlich von Berlin. An der Strecke glitzern die Spree-Dahme-Seen in der Sonne.

Per Boot von See zu See

Die Dahme, kleine Schwester der Spree, gab dem Dahmeland – mit siebzig Seen als Naturpark geschützt – ihren Namen. Die wassersportbegeisterten Hauptstädter haben die Idylle längst entdeckt. Zu Hunderten tuckern ihre Motorboote und Jachten an sonnigen Wochenenden von See zu See – bis nach Teupitz. Die ›Weiße Flotte‹ bietet Ausflugsfahrten an.
Schon Theodor Fontane war auf dem Wasserweg nach Teupitz unterwegs. Die Segeljacht ›Sphinx‹ startete am Abend des 6. Juli 1874 zu einer damals nicht ganz ungefährlichen Expedition. Die fünfköpfige Mannschaft hatte für alle Eventualitäten vorgesorgt und den Proviant um 300 Flaschen Bier, Bordeaux und Champagner ergänzt. Vielleicht sind Fontanes Aufzeichnungen aus jenen Tagen gerade deshalb so vergnüglich zu lesen.

Erstmaliges aus ›KW‹

Königs Wusterhausen, die größte Stadt des Dahmelandes, wird von Einheimischen nur kurz ›KW‹ genannt. Bis 1718 hieß der Ort Wendisch Wusterhausen, bis Friedrich Wilhelm I. ihn in Königs Wusterhausen umbenennen ließ. Er kannte den Ort aus Kindertagen, als König ging er in den nahen Wäldern gerne auf die Pirsch. Im Jagdschloss lud er zu den berühmten Tabakskollegien ein, dem Ursprung geselliger Herrenrunden bei Tabaksqualm und Bier.
Eine andere Geburtsstunde schlug auf dem Funkerberg. Mit der Ausstrahlung eines Weihnachtskonzerts wurde hier am 22. Dezember 1920 der deutschen Rundfunk geboren. Ein Sendemast blieb erhalten, heute das Wahrzeichen der Stadt.

Der Fluch des Teufels

Der Teufel höchstpersönlich soll das Flussbett der Spree mit einem Ochsengespann gepflügt haben. Zur Mittagsstunde ermüdeten

△ Leben im Freilichtmuseum Lehde: feierliche Sorben-Hochzeit, ...

... lustig klappernde Spinnräder ▽

Kahn-Post: Postzustellerin Jutta Pudenz muss staken können ▽

Spreewaldfest in Lübben: Körbe aus Weidenruten finden auch heute Abnehmer ▽

△ Einkauf in Lübben: Spreewaldgurken frisch aus dem Fass …

… und viele weitere regionaltypische Produkte ▽

die Tiere. Der Satan fluchte lautstark, die Ochsen stoben erschrocken auseinander, liefen ziellos hin und her, den Pflug immer hintendrein. Das Ergebnis: ein Netz Hunderter Fließe. Zu DDR-Zeiten wurde es für die Fluss- und Auenlandschaft mit ihren Erlenbrüchen, Laubwaldinseln, Sümpfen und Feuchtwiesen bedrohlich. Das Trockenlegen und Flurbereinigen in den Randzonen schuf monotone Acker- und Weideflächen.

Biosphärenreservat Spreewald

Eile war geboten. Naturschützer und Wissenschaftler ließen Politikern nach der Wende keine Ruhe und drängten auf das Ausweisen als Biosphärenreservat. Auf seiner letzten Sitzung beschloss der Ministerrat den Schutzstatus – wenige Stunden vor dem Ende der DDR. Im März 1991 bestätigte die Unesco die Aufnahme des Spreewalds in ihr weltweites Reservatsnetz.

Als Hauptziel gilt das Sichern der harmonischen Kulturlandschaft, die den kontrollierten und schonenden Eingriff des Menschen erlaubt. Das Gebiet umfasst knapp 500 Quadratkilometer mit zwei Städten und 37 Dörfern. Es existieren Totalreservate zum Schutz bedrohter Tier- und Pflanzenarten. Weißstorch und Fischotter haben hier Refugien gefunden. Nur selten gesichtet jedoch werden Schwarzstörche und Seeadler. Etwa 1600 Pflanzenarten haben Botaniker gezählt. Ein besonderes Erlebnis sind Touren mit der Naturwacht des Reservats. Mehrmals wöchentlich bieten sie ihre Wanderungen an.

›Vaterland der sauren Gurken‹

Wohl nirgendwo schmecken sie so gut wie hier, frisch aus dem Fass. Der Spreewald gilt als ›Vaterland der sauren Gurke‹. Im 16. Jahrhundert brachten sie eingewanderte holländische Tuchweber mit, und das Mikroklima zaubert hier seitdem ganz besondere Exemplare hervor. Konserviert nach geheimen Rezepten, kommen sie im Fass und im Glas, würzig gebrüht oder sauer zum Verkauf. Lübbenaus ›saure‹ Gurken genossen gar internationale Berühmtheit. Seit dem Anschluss an das Eisenbahnnetz 1866 gelangten sie in alle Himmelsrichtungen. Nach

›Stilecht‹ auf Nostalgietour ▽

△ Lübbenau: ›Sehleute‹ am Großen Hafen, ...

... Feuerwehrmänner von anno dazumal in Aktion beim bunten Kahnkorso, auf den kein größeres Fest im Spreewald verzichtet ▽

△ Traditioneller Rastplatz: Insel-Gasthof ›Wotschofska‹

Gehören dazu: Trachtenpaare beim Lübbenauer Kahnkorso ▽

der Wende 1989/90 wollten viele deutsche Gemüseproduzenten ihre Erzeugnisse als ›Spreewälder Gurken‹ oder nach ›Spreewälder Art‹ vermarkten. Der Streit tobte jahrelang, bis die EU ein Machtwort sprach: Spreewaldgurken gibt es nur im Spreewald.

Von Lübbenau nach Lehde

Schon Fontane schwärmte von der Hauptstadt, ›der unbestrittenen Spreewaldresidenz‹: Lübbenau ist der größte Ort im Spreewald. Sein Schloss ist eine schmucke Herberge. Am Markt sind mehrere Wanderwege ausgewiesen, darunter der blau markierte Rad- und Wanderpfad nach Lehde/Leipe. Er wurde erst 1936 angelegt, über mehrere Bänke – so heißen die typischen Spreewaldbrücken. Zuvor war der Ort nur auf dem Wasser erreichbar.

Am Eingang zum Freilandmuseum Lehde zeigen einheimische Gewerke ihre Waren und wie das eine oder andere kleine Kunstwerk entsteht. Drei komplette Oberspreewaldgehöfte und eine Kahntischlerei können besichtigt werden. Wer will, auch mit Führung, wobei man lernt, dass die Bauerngroßfamilie einst in einem gemeinsamen Bett schlief. Nur jungvermählt durften die Eheleute ihre Flitterwochen auf dem Heuboden verleben, dann gings zurück ins Familienbett.

Die Gaststätte ›Zum fröhlichen Hecht‹ gegenüber war in den 1930er Jahren einer der bekanntesten deutschen Künstlertreffpunkte. Fontane war bei seiner Wanderung so fasziniert von diesem Fleckchen Erde, dass er es liebevoll ›bäuerliches Venedig, die Lagunenstadt im Taschenformat‹ nannte.

Wotschofska, Insel im Sumpf

Nach Wotschofska kommt man auch über Land. Der Wanderweg vom Lübbenauer Markt, vorbei am ›Spreeschlösschen‹, wird alsbald von Birken und Erlen gesäumt. Nach etwa eineinhalb Stunden ist Wotschofska erreicht, zu deutsch: Insel im Sumpf. Die gleichnamige Gaststätte in nordischer Blockbauweise eröffnete 1894. Seitdem wurden dem lieblichen Spreewaldflecken Heerscharen von Touristen beschert, die meisten per Kahn, so,

△ Sobald und so lange die Beine tragen wird mitmarschiert: Jung und Alt auf dem Burger Heimat- und Trachtenfest im August

△ Spreewälder Baustil: Blockhausgehöft in Burg

△ Kleinfamilie ... ... und Großfamilie unterwegs auf den Radduscher Fließen ▽

△ Spreewaldkähne entstehen noch in gediegener Handarbeit

Schleuse am Gasthaus ›Dubkow-Mühle‹ ▽

wie auch die Verpflegung noch bis in die 1980er Jahre hierher transportiert wurde. Heute verweilen die Ausflügler im rustikalen Restaurant, in der Selbstbedienungsgaststätte oder unter freiem Himmel.

Viel Brauchtum in Burg

Einkehrmöglichkeiten gibt es viele. Auch in und um Burg kommt Spreewaldtypisches auf den Tisch: Quark mit Pellkartoffeln und Leinöl, Hecht in Spreewaldsoße aus Buttermilch, Sahne, Bier und Butter, Spreewälder Hefeplinsen – das sind Eierpfannkuchen – oder Grützwurst mit Sauerkraut.

In der beschaulichen Spreewaldgemeinde trifft man auf weit mehr als kulinarische Traditionen: Burg ist ein Zentrum der Brauchtumspflege. Trachten sind hier nicht nur auf Postkarten zu sehen oder beim alljährlichen Heimat- und Trachtenfest am letzten Wochenende im August. Vor allem ältere Frauen tragen im Alltag immer noch ihre typische Arbeitstracht.

Blicke auf ›Riesenschober‹ ...

Erster ›Ausflügler‹ war König Friedrich Wilhelm IV. Per Kahn beehrte er Burg 1842. Die nächsten Neugierigen folgten erst acht Jahre später. Zu jener Zeit gab es den Bismarckturm am Ortsrand noch nicht. Nach der Wende nicht nur umbenannt, sondern auch rekonstruiert, bietet er einen weiten Blick auf den Spreewald. Wenn sommers die Wiesen gemäht werden, wird das Gras zu überdimensionalen Heuschobern aufgeschichtet. Vier Jahre kann es so draußen lagern, ohne zu verderben.

... und ›Rentnersitze‹

Auffällig erscheint der Streusiedlungscharakter im Ortsteil Kauper. Manche Gehöfte liegen gar mehrere hundert Meter auseinander. Hier vergab Preußenkönig Friedrich Wilhelm I. ab 1725 Grundstücke von drei bis fünf Hektar an ausgediente Soldaten. Wenn sie ihr einfaches Blockhaus, welches sie vorher an anderer Stelle zusammengezimmert hatten, über Nacht so schnell aufzustellen vermochten, dass am anderen Morgen der Rauch vom Herd aufstieg, bekamen sie das Land geschenkt. Leider ist nicht über-

△ Luckauer Barock: Schmuckgiebelhäuser am Markt, ...

... Orgel von 1673 in der Pfarrkirche St. Nikolai ... ▽

... mit einer doppelten Wendeltreppe zu den Logen ▽

Höllberghof bei Luckau: witzige bunte Kleider ... ▽

Luckaus Schmuckgiebel: aus der Nähe noch schöner

... und ›bedrohliche‹ Hexen beim turbulent-fröhlichen Höllbergfest am 1. Mai ▽

liefert, wie viele Landsknechte von der großzügigen Geste profitierten. Friedrich II. setzte die Besiedlungspolitik fort. Menschen aus Österreich, Schlesien, Böhmen und Sachsen fanden hier eine neue Heimat.

Kleines Groß Wasserburg

Im Unterspreewald nördlich von Lübben kann man sich ganz dem Naturgenuss hingeben: See- und Teichrosen, Wasserhahnenfuß und Gelbe Schwertlilie säumen die Uferzonen, aus denen oft ein Froschkonzert ertönt. Der Name des winzigen Ortes Groß Wasserburg am Nordrand klingt spektakulär, doch es gibt nicht einmal einen Lebensmittelladen. Im 14. und 15. Jahrhundert gehörte das Dorf den Herren von Biberstein, die eine Wasserburg besaßen und die Spreefurt nach Leibsch kontrollierten. Heute wirkt der Flecken weltentrückt. Die Fließe südlich des Ortes sind für Motorboote gesperrt. Auf der Wasserburger Spree gleitet das Boot wie durch einen Dschungel. Einziges Ärgernis sind die stechsüchtigen Mücken, die unaufhaltsam aus dem Dunkel der Vegetation ausschwärmen.

Luckauer Stadtbummel

Ein buntes Blütenreich gedeiht nahe dem Spreewald: Luckau lädt bis Herbst 2000 zur 1. Brandenburgischen Landesgartenschau ein. Die historische Altstadt bildet dafür eine herrliche Kulisse. Am Ende des Zweiten Weltkriegs kampflos übergeben, blieb alles original erhalten. Vor allem die herausgeputzten Barockgiebelhäuser, von denen einige, vielleicht von italienischen Handwerkern, verspielte spätmanieristische Stuckfassaden erhielten.

Die Dachfläche der spätgotischen Pfarrkirche ist so groß wie zwei Fußballfelder, errichtet in der Epoche des böhmischen Kaisers Karl IV. Sein Abbild und das seiner vierten Frau, Elisabeth von Pommern, finden sich am Portal auf der Kirchensüdseite. Die Kerben im Sandstein hinterließen Luckauer Bürger: Hier weihten sie ihre Schwerter vor der Schlacht. Die merkwürdigen kreisrunden Vertiefungen im Portal werden als Näpfchen bezeichnet: Aus dem Sandsteinstaub bereitete man zu Pestzeiten eine Medizin.

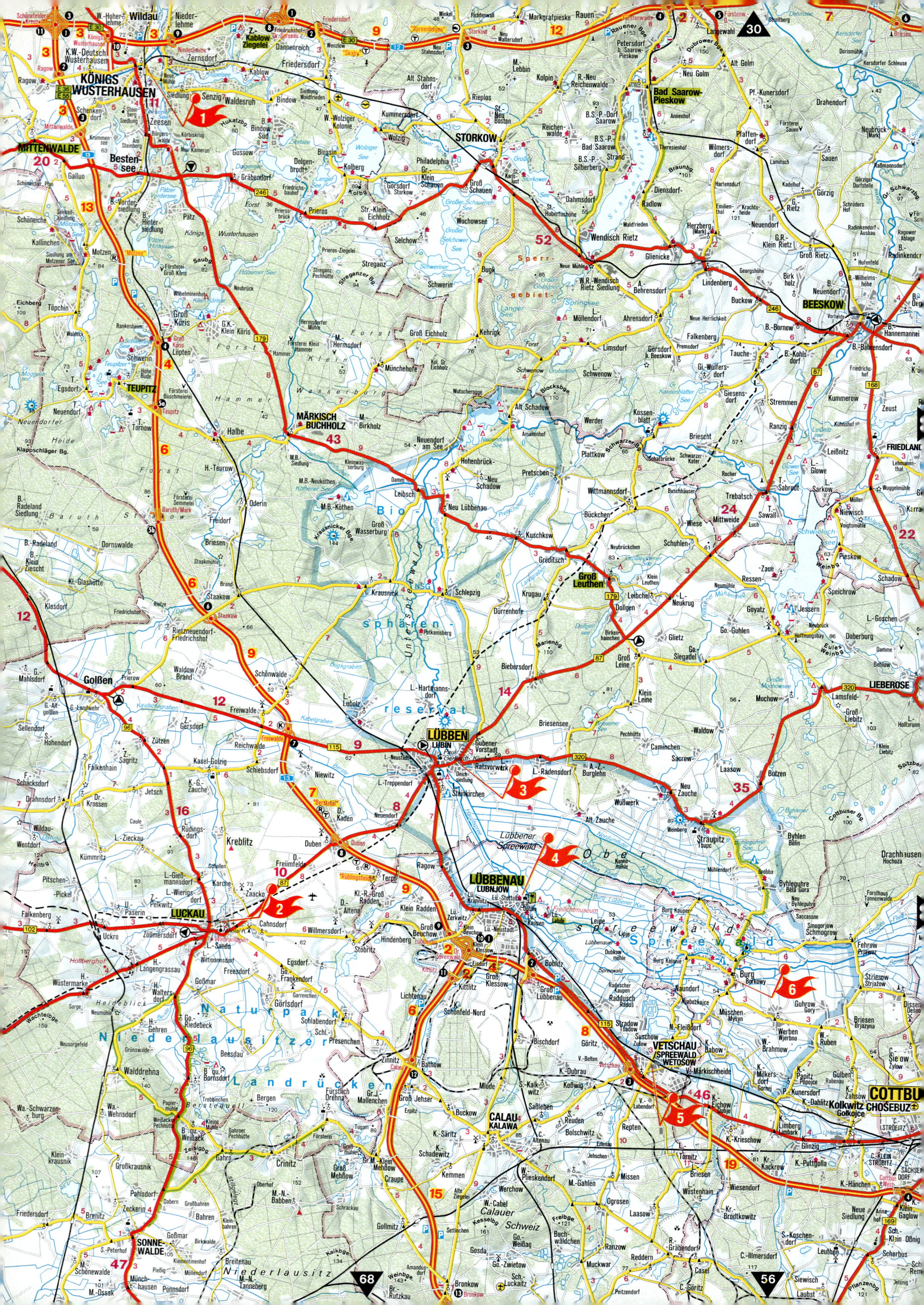

30
KÖNIGS WUSTERHAUSEN
Wildau
Niederlehme
Zernsdorf
Kablow Ziegelei
Friedersdorf
Markgrafpieske
Rauen
Lebbin
Kolpin
Bad Saarow-Pieskow
Langewahl
Neu Golm
Alt Golm
Pl.-Kunersdorf
Drahendorf
Sauen
Görzig
Pfaffendorf
Wilmersdorf
Dahmsdorf
Braunsbg.
Dienstdorf
Radlow
Herzberg (Mark)
Neuendorf
Groß Rietz
Glienicke
Lindenberg
Buckow
BEESKOW
Zeesen
MITTENWALDE
Gallun
Bestensee
Senzig
Waldesruh
Bindow
Kummersdorf
Wolzig
Philadelphia
STORKOW
Kolberg
Groß Schauen
Wochowsee
Selchow
Wendisch Rietz
Streganz
Schwerin
Bugk
Prieros
Pätz
Motzen
Schöneiche
Kallinchen
Töpchin
Groß Köris
Klein Köris
Lopten
Schwerin
TEUPITZ
Egsdorf
Neuendorf
Tornow
Halbe
MÄRKISCH BUCHHOLZ
Münchehofe
Kehrigk
Groß Eichholz
Limsdorf
Ahrensdorf
Möllendorf
Behrensdorf
Falkenberg
Tauche
Schwenow
Werder
Alt Schadow
Neuendorf am See
Kossenblatt
Briescht
Giesensdorf
Stremmen
Ranzig
Kummerow
Zeust
FRIEDLAND
Leißnitz
Glowe
Sarkow
Trebatsch
Sawall
Mittweide
Wittmannsdorf
Bückchen
Plattkow
Pretschen
Hohenbrück
Neu Schadow
Leibsch
Neu Lübbenau
Kuschkow
Gröditsch
Groß Leuthen
Schuhlen
Wiese
Ressen
Zaue
Jessern
Speichrow
Pieskow
Schadow
Niewisch
Klasdorf
Dornswalde
Krausnick
Schlepzig
Krugau
Dollgen
Neukrug
Goyatz
Glietz
Siegadel
Mahlsdorf
Golßen
Prierow
Waldow Brand
Rietzneuendorf
Staakow
Freiwalde
Schönwalde
Dürrenhofe
Biebersdorf
Groß Leine
Klein Leine
Mochow
Lamsfeld
LIEBEROSE
Zützen
Gersdorf
Reichwalde
Schiebsdorf
Kasel-Golzig
Niewitz
LÜBBEN
Radensdorf
Briesensee
Caminchen
Sacrow
Laasow
Neu Zauche
Straupitz
Byhlen
Bolzen
Drachhausen
Sellendorf
Falkenhain
Jetsch
Krossen
Kreblitz
Duben
Treppendorf
Neuendorf
Steinkirchen
Alt Zauche
Wüstenhain
Byhleguhre
Kümmritz
Wildau-Wentdorf
Freiimfelde
Zaacko
Terpt
Ragow
LÜBBENAU
Lehde
Leipe
Burg
Schmogrow
Fehrow
LUCKAU
Cahnsdorf
Willmersdorf
Uckro
Falkenberg
Wüstermarke
Egsdorf
Görlsdorf
Schlabendorf
Hindenberg
Beuchow
Boblitz
Groß Lübbenau
Kittlitz
Lichtenau
Schönfeld
Raddusch
Göritz
Naundorf
Müschen
Werben
Briesen
Striesow
Bischdorf
VETSCHAU SPREEWALD
Babow
Kolkwitz
COTTBUS
Beesdau
Bergen
Walddrehna
Presenchen
Zinnitz
Bathow
Mlode
Kalkwitz
Koßwig
Crinitz
Gahro
Fürstlich Drehna
Buckow
CALAU
Saßleben
Reuden
Repten
Bolschwitz
Laasow
Missen
Ogrosen
Gollmitz
Kemmen
Craupe
Werchow
Muckwar
Ranzow
Reddern
Casel
Gosda
Weißag
SONNEWALDE
Großkrausnik
Breitenau
Bronkow
Luckaitz
Kleinkrausnik
Babben
68
56

Wo gibt es was?

Fähnchennummer = Textnummer ❶ = Auskunft

Königs Wusterhausen ①

Die Kreisstadt (18 000 Einw.) ist das Zentrum des Dahme-Spree-Gebiets.
Sehenswert: In der ehem. Burg verbrachte Friedrich Wilhelm I. seine Jugend. 1718 ließ er sie zum Jagdschloss umbauen.
Museen: Jagdmuseum im Schloss Königs Wusterhausen (ab Herbst 2000). Heimatmuseum, Schlossplatz 7 (di–sa 10–16 Uhr). Sender- und Funktechnikmuseum im Senderhaus 1 auf dem Funkerberg (di u. do 9–15.30, sa/so 13–17 Uhr).
Aktivitäten: Reiten, Wandern, Radfahren, Wassersport, Schiffsausflüge; Golfplatz in *Motzen* (8 km südl).
Veranstaltungen: Jugendtheatertage (April); Schleusenfest (Juni); Hafenfest (Sept.); Konzerte und Opern auf Schloss Dracula in *Schenkendorf* (1 km südwestl.).
Umgebung: Sein altertümliches Ortsbild bewahrt hat *Mittenwalde* (8 km südwestl.). Wassersportler zieht es nach *Groß Köris* (15 km südl.). *Teupitz* (20 km südl.), die kleinste Stadt der Mark, liegt auf einer Halbinsel. Die slawische Wasserburg wurde Schlosshotel. Bei *Halbe* (24 km südl.) Waldfriedhof für Zehntausende in den letzten Kriegstagen 1945 gefallener Soldaten.
❶ Tourismusverband Dahmeland, Am Bahnhof, 15711 Königs Wusterhausen, Tel. 03375/25200.

Luckau ②

Städtchen am Rand des Spreewalds mit unversehrtem Barockanlitz.
Sehenswert: Giebelhäuser (um 1700) am Markt mit reicher Stuckdekoration. Kleine barockisierte Georgenkapelle (13. Jh.) am Hausmannsturm (1697) der Stadtwache. St. Nikolai (13.–17. Jh.) mit kostbarem Reliquienschrein (13. Jh.) und Barockausstattung: Kanzel, Emporen, Logen, Orgel (sa 14–16 Uhr, sonst Schlüssel im Pfarramt). Stadtmauern mit Graben (13./14. Jh.).
Heimatmuseum, Lange Str. 21 (di–so).
Aktivitäten: Schwimmbad, Angeln, Reiten, Wandern, Radfahren, Kremserfahrten; Töpfer- und Spinnkurse auf dem Höllberghof.
Veranstaltungen: Musik- und Heimatfest (Juni); Christmette (1. Weihnachtsfeiertag).
Umgebung: Im NSG *Höllenberge* (7 km westl.) Nachbildung eines spätmittelalterlichen Hofs mit alten Bewirtschaftungsformen und Haustierrassen. In der Höllbergschenke regionaltypische Kost. Höllbergfest mit Bauern- und Künstlermarkt (1. Mai), Erntedankfest (3. Okt.).
❶ Fremdenverkehrsverband Niederlausitzer Land, Nordpromenade 19, 15926 Luckau, Tel. 03544/3050.

Lübben/Spreewald ③

Touristenzentrum (15 200 Einw.) an der Grenze zwischen Ober- und Unterspreewald. Vom Ende des Dreißigjährigen Kriegs bis 1815 Hauptstadt des sächsischen Markgrafentums Niederlausitz.
Sehenswert: Schloss (17. Jh.) mit Renaissance-Giebel. Im Wappensaal huldigten die Stände dem jeweiligen Herrn (di–so 10–17 Uhr). Bekannt aus Lessings ›Minna von Barnhelm‹: das benachbarte Ständehaus (1717). Reich ausgestattete Paul-Gerhardt-Kirche (15. Jh.). Im Stadtteil *Steinkirchen* (1 km südl.) wertvolle Wehrkirche (13. Jh.).
Aktivitäten: Kanu- u. Kajaktouren, Kahn- u. Kutschfahrten, Angeln, Wandern.
Veranstaltungen: Spreewaldsommer mit Konzerten, Theater, Serenaden (Mai–Sept.); Hafenfeste (Sommer); Lübbener Kahnnächte (Juni–Aug.); Spreewaldfest (Sept.).
Umgebung: Im ›Storchendorf‹ *Schlepzig* (12 km nördl.) Agrarhistorisches Museum, Dorfstr. 26, typischer Spreewaldhof (April bis Okt. di–so 10–16 Uhr).
❶ TKS GmbH, Ernst-von-Houwald-Damm 15, 15907 Lübben/Spreewald, Tel. 03546/3090.

Lübbenau/Spreewald ④

Der Erholungsort (16 500 Einw.) ist das bekannteste Touristenzentrum des Spreewalds. Auf gleichnamiger Insel liegt das historische Gasthaus ›Wotschofska‹ (1894).
Sehenswert: Größter Bau ist das Schloss (1816–20), heute Hotel, dazugehörig gräfliche Kanzlei (1748), Orangerie (um 1820), Efeuhaus und ein Landschaftspark (9 ha). Den kleinen Marktplatz überragt St. Nikolai (1744) mit Barockausstattung. Vor der Kirche steht eine Postmeilensäule (1740).
Museen: Spreewaldmuseum, Topfmarkt 12, zur Regionalgeschichte (di–so 10–17/18 Uhr). Im Haus für Mensch und Natur, Schulstr. 9, Ausstellung ›Kulturlandschaft und Biosphärenreservat Spreewald‹ (April bis Okt. tgl. 10–17, Nov.–März mo–sa 10–16 Uhr). Im Ortsteil *Lehde* (1 km östl.) Freilandmuseum mit wendischen Spreewaldhäusern, Kahnbauerei, Webstube, Trachtenausstellung (tgl. 10–17/18 Uhr). Das Bauernhaus- und Gurkenmuseum, An der Dolzke 6, informiert über die Tradition des Gurkenanbaus (geöffnet nach Bedarf).
Aktivitäten: Kristall Kur- und Freizeitbad (u. a. Bade- u. Saunalandschaft, Wellenbad, Thermalbad), Angeln, Radfahren, Kanu- u. Kajaktouren, Kahnfahrten und Spaziergänge über Lehde bis *Leipe* (3 km östl.).
Veranstaltungen: Spreewald- und Schützenfest mit Kahnkorso (1. Juli-Wochende); Hafenfest (Aug.); Museumsfest in Lehde (Aug.); Dorffest in Lehde (Sept.).
❶ Spreewald-Fremdenverkehrsverein, Ehm-Welk-Str. 15, 03222 Lübbenau/Spreewald, Tel. 03542/3668.

Vetschau/Spreewald ⑤

Ort am Südrand des Oberspreewalds. Sein Naturhafen für Spreewaldkähne befindet sich in *Raddusch* (4 km nordwestl.).
Sehenswert: Die wendisch-deutsche Doppelkirche ist ein europäisches Unikat: Der wendischen Kirche aus dem 13. Jh. wurde 400 Jahre später ein Kirchenschiff für die deutsche Bevölkerung angefügt, Kirchenturm und Sakristei nutzten die Gläubigen gemeinsam (April–Sept. mo–sa 10–12 u. 14–17, so 14–17 Uhr).
Weißstorchzentrum Vetschau, Drebkauer Str. 2: Etwa 10 Prozent aller Weißstörche, die sich in Deutschland niederlassen, brüten in der Niederlausitz (mo–fr 10–12 u. 13–17.30, sa/so 10–17.30 Uhr, im Winter tgl. nur bis 16 Uhr).
Aktivitäten: Schwimmbad, Kajak, Kahnfahrten, Radfahren, Bergbautouren; Kanu ab Raddusch; Angeln in *Stradow* (2 km nordwestl.).
Veranstaltung: Märkischheider Heimatfest (Juni).
Umgebung: Bei Raddusch wird eine ehemalige Slawenburg rekonstruiert (Fertigstellung voraussichtlich 2002).
❶ Touristinformation, Schloßstr. 10, 03226 Vetschau/Spreewald, Tel. 035433/7770.

Burg/Spreewald ⑥

Der staatlich anerkannte Erholungsort ist mit einer Fläche von 35 qkm das größte ostdeutsche Dorf.
Sehenswert: Auf dem Schlossberg Bismarckturm mit Aussichtsgalerie (April bis Sept. tgl. 9–15, sa/so 9–18 Uhr). Im benachbarten Arznei- und Gewürzpflanzengarten viele für den Spreewald charakteristische Pflanzen (mo, di, mi, fr 9–15, Sommer auch sa/so 9–18 Uhr). Im Spreewaldaquarium auf dem Biberhof sind einheimische Fischarten zu beobachten. Viele schöne Blockhausgehöfte in den Ortsteilen *Burg Kauper* und *Burg Kolonie*.
Museen: Museumsbahnhof, am einstigen Spreewaldbahnhof, mit Bahnhofsrestaurant im Stil des Eisenbahn-Interieurs. In der Heimatstube, Am Hafen 1, Trachten und historische Alltagsgegenstände (mo, do–so 10–12 u. 14–16 Uhr).
Aktivitäten: Landtherme (Hotel), Angeln, Kahnfahrten, Kanu- und Kajaktouren, Radfahren, Wandern, Skating, Reiten, Kremserfahrten, Schlittschuhlaufen auf den vereisten Fließen; Kurzentrum ›Spreewald Sole Therme‹ (geplant).
Veranstaltungen: Hafenfest (April); Erntefest (Juli); Heimat- und Trachtenfest (Aug.), Int. Spreewaldskating (Sept.).
Umgebung: In *Straupitz* (12 km nördl.) klassizistische Doppelturm-Kirche (1827 bis 1832) nach Plänen K. F. Schinkels. Die Holländermühle (Korn, Öl, Sägen) gilt als Deutschlands einzige noch funktionstüchtige Dreifachmühle (April–Okt. di–fr 9–18, sa/so 10–17, Nov.–März di–fr 10–15 Uhr).
❶ Touristen-Information, Haus des Gastes, Am Hafen 6, 03096 Burg/Spreewald, Tel. 035603/417.

Maßstab 1:250.000 — 0 2,5 5 7,5 10 12,5 km

Nicht von Pückler, aber durch diesen inspiriert: der Kromlauer Rhododendronpark bei Weißwasser, der sich jedes Frühjahr in ein Blütenmeer verwandelt.

Parks und Gärten rund um Cottbus

In Südost-Brandenburg und Nordost-Sachsen hinterließ Fürst Pückler Gartenkunst vom Feinsten: die Parkanlagen von Branitz und Muskau. Dieser Tradition folgend, hat Cottbus heute nicht nur als Universitäts-, sondern auch als Parkstadt ein neues Image. Vor allem durch den Buga-Spreeauenpark. Sogar mit lebendem Tertiärwald – ähnlichen Bäumen, aus denen vor Jahrmillionen die Lausitzer Braunkohle entstand.

△ Cottbus: Wahrzeichen ist der Spremberger Turm, ...

△ Modernes Einkaufszentrum

Renaissance-Altar der Oberkirche ▽

... Tradition der große Karnevalsumzug ▽

△ Staatstheater Cottbus: außen extravagant, ... innen klassisch mit der schönen Venus und anregenden Musen ▽

Bis zur Wende war Cottbus das Zentrum der Kohle- und Energiewirtschaft der DDR. Heute hat es als Park- und Universitätsstadt ein neues Image. Mit den Ausbildungsschwerpunkten Natur- und Ingenieurwissenschaften wurde 1991 die Brandenburgische Technische Universität Cottbus gegründet. Für internationales Flair unter den 4100 Studenten sorgen 500 junge Leute aus 68 Nationen. Die kleine, aber feine Uni, kurz BTU genannt, sammelt auch in der Bundesrepublik immer mehr Sympathiepunkte: funkelnagelneue Labors, Einzelateliers, Wohnheimplätze mit Internetanschluss, traumhaft günstige Relationen von Wissenschaftlern und Studenten. 110 Professoren und 450 akademische Mitarbeiter sind hier tätig. Neue attraktive Studiengänge sollen noch mehr Studenten nach Cottbus holen. Bisher einmalig in Deutschland sind zwei Studiengänge mit international anerkannten Abschlüssen: Umwelt- und Ressourcenmanagement sowie ein Aufbaustudium zum Management des Weltkulturerbes.

Großes Haus am Schillerplatz

Im Mittelpunkt des Cottbuser Kulturlebens steht das Staatstheater. Bereits der Bau zieht die Blicke auf sich: Ein anregendes Gemisch verschiedener Baustile, entstanden nach Plänen von Bernhard Sehring, vollendet 1908. Eklektizismus sagen die einen, sezessionistischer Jugendstil meinen die anderen. Egal, denn vom harmonischen Gesamteindruck sind eigentlich alle begeistert.

Die Ensembles des Mehrspartenhauses haben mit Musiktheater, Ballett, Konzerten und Schauspiel bundesweit Anerkennung gefunden. Neben Altbewährtem gehören gesellschaftskritische Inszenierungen zum Repertoire. Zum Cottbuser Markenzeichen für streitbare Theaterkunst wurden die Theater-Events ›Zonenrand-Ermutigung‹, die Intendant Christoph Schroth jedes Jahr auf die Bühne bringt. Das Publikum wird hier aktiv in das Geschehen einbezogen, wie auch bei den euphorisch gefeierten Sommerspektakeln.

Neben dem Großen Haus am Schillerplatz verfügen die Kammerbühne

△ Branitz bei Cottbus: Heute Museum ist das Pückler-Schloss ... ... mit der Bibliothek des grünen Fürsten ▽

△ Seepyramide im Branitzer Park: das Grab des Gartenbaukünstlers

△ Der Weg in den Muskauer Schlosspark führt für die meisten vorbei am Alten Schloss mit dem Stadt- und Parkmuseum

△ Muskauer Schlosspark-Ansichten: die Orangerie, erbaut nach Plänen Gottfried Sempers, ... Allee zum Eichsee ▽

in der Wernerstraße und die Theaterscheune in der Ströbitzer Hauptstraße über ein wenn auch kleines, so doch eigenes Ensemble.

Spezialität: Baumkuchen

Eine Cottbuser Spezialität ganz anderer Art ist Baumkuchen. Auguste Michaelis, geborene Groch, hat ihn 1819 erfunden: Aufgeschnitten erinnern die etwa 20 Teigschichten aus Butter, Zucker, Mehl und Eiern an einen Baumquerschnitt mit Jahresringen. Als Sonderauftrag für Großkunden entstehen ab und an auch Baumkuchen mit über 100 Ringen. Das süße Erzeugnis wird von Oktober bis April nach Originalrezept gebacken. Über die Ladentheke der Conditorei Lauterbach und im Versand findet es reißenden Absatz. Werbung ist nicht mehr nötig, die Auftragsbücher sind prall gefüllt.

Fürst Pücklers Muskau ...

Der Draufgänger liebte – so sagt man – mehr Frauen als Casanova, war Weltenbummler, Schriftsteller und Landschaftsgestalter. Blauen Blutes, war er doch von republikanischem Gedankengut beseelt: Hermann Ludwig Heinrich Fürst von Pückler-Muskau war eine der schillerndsten Persönlichkeiten im Deutschland des 19. Jahrhunderts. Sein Name lebt als Eiscremekreation fort – ungerechterweise, denn ihr Erfinder war ein geschäftstüchtiger Cottbuser Konditormeister.

Ab 1815 gestaltete Pückler den Muskauer Landschaftspark, eine klassische Anlage im englischen Stil, die heute zu den außergewöhnlichen Gartenkunstwerken Europas zählt. Die Aufnahme in die Unescoliste des Weltkulturerbes wird erwogen. Das Neißetal verwandelte sich nach Pücklers Plänen. Typisch für die 550 Hektar sind Durchblicke, das Einbeziehen von Wasserläufen und Seen, kulissenartige Baumgruppen. Das im Mai 1945 ausgebrannte Neue Schloss wird derzeit gesichert, um die Mauern vor dem Verfall zu retten.

... und Branitz

Der Park auf Sand und Lehm verschlang ein Vermögen. Pücklers Gattin Lucie, Tochter des preußischen Staatskanzlers Hardenberg, beglich viele Rechnungen.

△ Zwischen Weißwasser und Kromlau dampft die WEM, die Waldeisenbahn Muskau

Kühner Bogen: die Rakotzbrücke im Kromlauer Park ▽

△ Der Stil des Haupteingangs zum Ostdeutschen Rosengarten in Forst verrät die Epoche der Gründung im Jahr 1913

△ Fotogene Motive im Rosengarten Forst: Wasserspiele ... ... und rote Blüten ▽

Doch die Schulden ließen dem Fürsten keine Wahl: 1845 musste die Standesherrschaft verkauft werden. Das Paar verlegte seinen Wohnsitz ins Erbgut Branitz bei Cottbus und wurde von einem baufälligen Schloss und einer kahlen Einöde begrüßt. Lucie ermunterte den 60-jährigen zu neuen Taten. Der Branitzer Park sollte des Fürsten Meisterwerk werden: kleiner als Muskau, aber vollendet und anmutig. Inspiriert von einer Ägyptenreise, ließ Pückler im Park zwei Pyramiden aufschütten. Die Pyramide im See ist zugleich Tumulus: Hier ruhen die sterblichen Überreste des grünen Fürsten und seiner Frau.

Parks in Kromlau und Forst

Alljährlich zum Blütenfest über Pfingsten rückt das kleine Dorf Kromlau in den Blickpunkt. Friedrich Hermann Rötschke ließ hier ab 1850 auf 800 Morgen seines Besitzes eine Parklandschaft gestalten. Nicht ohne Vorbild, denn im benachbarten Muskau wirkte zur gleichen Zeit Fürst Pückler an einem Landschaftspark. Viele Bäume und Sträucher aus jener Zeit haben gegenwärtig ihre volle Schönheit erlangt. Rötschke ließ künstliche Gewässer anlegen, über den Rakotzsee baute man fast ein Jahrzehnt an einer Bogenbrücke aus Feldsteinen. Eindrucksvoll überspannt sie noch heute die Wasserfläche. Die Basaltsteingruppen sind künstlich. Mit Ochsengespannen hatte man das Baumaterial aus sächsischen und böhmischen Steinbrüchen nach Kromlau gebracht. Schließlich erwarb 1889 Friedrich Leopold von und zu Egloffstein die Besitzungen. Er ergänzte den Park mit Tausenden von Rhododendren und Freilandazaleen, heute der größte Rhododendronpark Deutschlands.
Den Duft der Rose atmet man in Forst, wo auf 15 Hektar 40 000 Rosenstöcke aus 400 Sorten stehen. Bei den Rosengartenfesttagen im Juni wird die Rosenkönigin gewählt. Mittlerweile zur Tradition geworden sind die Schnittblumenschau und die ›Nacht der 1000 Lichter‹.

In Strittmatters Heimat

Eine Geschichte aus der Lausitz machte als TV-Film landesweit Furore: Der Dreiteiler ›Der Laden‹ bescherte den Öffentlich-Recht-

△ Der alte Festungsturm ist das Wahrzeichen des Fischerstädtchens Peitz

△ Spremberg: Rathaus und Einkaufsmeile Lange Straße

△ Preußischer Barock: Peitz' Herrenhaus Luisenruh

△ Im Museum: Gubener Hüte, einst ›weltbekannt für ihre Güte‹

Am Großen Mochowsee, dem kleineren Bruder des Schwielochsees ▽

△ Der Bohsdorfer ›Laden‹, Kinderstube des Schriftstellers Erwin Strittmatter

Forst: Blick ins Brandenburgische Textilmuseum ▽

lichen hohe Einschaltquoten. ›Der Laden‹ steht in Bohsdorf bei Spremberg. Hier verlebte der spätere Schriftsteller Erwin Strittmatter seine Kindheit, in seinem Roman heißt der Ort Bossdom. Nahezu unverändert hat der ehemalige Tante-Emma-Laden die Zeiten überdauert. In der Backstube steht noch der Tisch, an dem der junge Erwin mit dem Schreiben begann. Heute werden allerdings kein Brot und keine Heringe wie einst verkauft, es gibt auch kein Bier mehr für durstige Grubenarbeiter. Der Bruder des Schriftstellers, Heinrich Strittmatter, bietet Honig aus eigener Produktion an.

Fast jeder Besucher möchte durch Deutschlands berühmtestes Guckloch schauen, durch das die Strittmatter-Familie einst ungestört das Geschehen im Laden beobachtete. Ein Rundweg ums Dorf mit acht Stationen führt zu wichtigen Handlungsorten des ›Ladens‹ und dem Grab von Strittmatters Eltern. Der Dichter hingegen ruht seit 1994 auf dem Schulzendorfer Waldfriedhof bei Gransee.

Fischerstädtchen Peitz

Hört man Peitz, denkt man an Weihnachtskarpfen. Die Berliner beziehen von hier auch den traditionellen Silvesterkarpfen. Schon im 16. Jahrhundert kamen Franziskanermönche auf die großartige Idee, Wassergräben der Peitzer Stadtbefestigung zur Aufzucht zu nutzen: Fische waren während der langen Fastenzeiten erlaubte Nahrung. Der Peitzer Spiegelkarpfen unterscheidet sich von seinen Artgenossen durch feineren Geschmack, weniger Gräten und Schuppen. Er wächst schnell: in drei Jahren bis auf eineinhalb Kilogramm.

Als ›Vater‹ des Erfolgs gilt der königliche Amtsrat Karl Kuhnert, von 1880 bis 1913 Züchter und Pächter der Peitzer Teiche. Wilhelm II. würdigte dessen Verdienste mit dem Roten Adlerorden. Bis 1918 gehörte Peitz zu den Hoflieferanten der Berliner Schlossküche. Heute stammt die deutschlandweit begehrte Spezialität aus der Peitzer Edelfisch GmbH, die auch Aale, Forellen, Hechte, Schleien, Zander liefert. Das Abfischen der Teiche beginnt mit dem Peitzer Fischerfest.

44
30
35
68
82
96
LIEBEROSE
GUBEN
GUBIN
COTTBUS
CHOŚEBUZ
Kolkwitz
Golkojce
PEITZ
PICNJO
FORST
/LAUSITZ
BARŠC
DREBKAU
WELZOW
WELCEJ
SPREMBERG
GRODK
DÖBERN
BAD
MUSKAU
WEISS
WASSER/O.L.
BEŁA WODA
Goyatz
Go.-Guhlen
Leeskow
Jamlitz
Staakow
Pinnow
Lauschütz
Grano
Mochow
Lamsfeld-Groß Liebitz
Lübbinchen
Schenkendöbern
Bärenklau
G.-Deulowitz
Atterwasch
Kerkwitz
Grabko
Drachhausen
Hochoza
Preilack
Turnow
Tauer
Drewitz
Jänschwalde
Burg
Fehrow
Striesow
Briesen
Dissen
Döbbrick
Skadow
Willmersdorf
Lakoma
Merzdorf
Dissenchen
Schlichow
Branitz
Kiekebusch
Haasow
Kahren
Kathlow
Roggosen
Sergen
Jethe
Gablenz
Komptendorf
Laubsdorf
Drieschnitz
Mattendorf
Gr. Kölzig
Preschen
Greifenhain
Radensdorf
Rehnsdorf
Neupetershain
Proschim
Haidemühl
Schwarze Pumpe
Spreetal
Graustein
Türkendorf
Bloischdorf
Lieskau
Schleife
Tschernitz
Jämlitz
Klein Düben
Halbendorf
Trebendorf
Neustadt
Mühlrose
Tagebau Cottbus-Nord
Tagebau Jänschwalde
Tagebau Welzow Süd
Muskauer Faltenbogen

Wo gibt es was?

Fähnchennummer = Textnummer ℹ = Auskunft

Guben ①

Die Neißestadt (30 000 Einw.) ist seit Ende des Zweiten Weltkriegs geteilt. Die historische Altstadt heißt Gubin und liegt heute in Polen. Guben wurde durch die Hutproduktion seit 1822 weithin bekannt.
Kulturzentrum/Museen: Deutsch-Slawisches Kulturzentrum im Ludwig-A.-Meyer-Haus (1898), Uferstr. 11, mit Wechselausstellungen, Konzerten (di–do 9–12 u. 14–18, fr 9–14 Uhr). Technisches Museum der Hutindustrie, Gasstr. 4–7, in der ältesten (seit 1822) noch bestehenden deutschen Hutfabrik (di u. do 9–17 Uhr). Heimatmuseum Sprucker Mühle, Mühlenstr. 5, mit originaler Wassermühlentechnik des 19. Jh. (mi, do 9–12 u. 14–17, sa/so 14–17 Uhr).
Aktivitäten: Badeseen, Angeln, Kutschfahrten, Reiten, Wandern, Radfahren.
Veranstaltung: Gubener Appelfest (Sept.).
ℹ Fremdenverkehrsverein Neißeland Guben, Berliner Str. 30 a, 03172 Guben, Tel. 03561/3867.

Peitz ②

Kleinstadt am Spreewaldrand. Die Peitzer Teiche sind ein Paradies für Wasservögel und eine der größten bewirtschafteten Teichlandschaften Europas.
Sehenswert: Festungsturm (älteste Teile von 1298), Aussichtspunkt (April–Okt. so 10–16 Uhr). Klassizistisches Rathaus mit Tudorgiebel (1863). Herrenhaus Luisenruh (1777) im preußischen Barockstil.
Museum: Hüttenmuseum, Deutschlands älteste funktionstüchtige Hochofenanlage: Hochofen (1810), Kupolofen (1830), Gebläsemaschine (1838); Schaugießen (April bis Okt. mi 10–17 Uhr, sa/so 11–18 Uhr).
Aktivitäten: Badeseen (auch FKK), Angeln, Ruderbootverleih, Skaten, Radfahren, Wandern; Kraftwerks- u. Tagebaubesichtigung.
Veranstaltungen: Lausitzer Tandem-Rallye (Mai); Fischerfest mit ›Großem Fischzug‹ (Aug.); Ritterturnier (Sept.).
ℹ Peitzer Land, Markt 1, 03185 Peitz, Tel. 035601/8150.

Cottbus ③

Größte Stadt der Niederlausitz (111 000 Einw.) und zweitgrößte Brandenburgs.
Sehenswert: Gotische Hallenkirche St. Nikolai mit 11 m hohem Renaissance-Altar (1661) aus Sandstein und Alabaster. Klosterkirche (13./14. Jh.) mit Grab des Stifters Fredehelm von Cottbus und Frau. Barocke Giebelhäuser und Brunnen am Altmarkt. Bedeutende Stadtmauer-Reste, u.a. Münzturm, Spremberger Turm, Lindenpforte, Wiekhäuser. Staatstheater am Schillerplatz (Führung so 10 Uhr). Bugapark (1995). Im Stadtteil *Branitz* Pücklerscher Landschaftsgarten im englischen Stil (1846–71) mit Schloss, Marstall, See- und Erdpyramide.
Museen: Fürst-Pückler-Museum, Schloss Branitz, u. a. mit Sammlung des Cottbuser Landschaftsmalers Carl Blechen (April bis Okt. tgl. 10–18, Nov.–März di–so 10–17 Uhr). Apothekenmuseum, Altmarkt 24 (Führungen mo–fr 11 u. 14, sa/so 14 u. 15 Uhr). Wendisches Museum, Mühlenstr. 12, Geschichte und Gegenwart der Sorben/Wenden (di–fr 8.30–17, sa/so 14–18 Uhr). Brandenburgische Kunstsammlungen mit Museum für zeitgenössische Kunst, Fotografie und Plakat, Spremberger Str. 1, wechselnde Sonderausstellungen (di–so 10–18 Uhr). Spreewehrmühle, Am Großen Spreewehr 2, mit unterschlächtigem Wasserrad (Mai–Mitte Okt. mi u. fr 10–18, sa/so 14–18 Uhr). Stadtmuseum, Bahnhofstr. 52 (di–fr 8.30 bis 17, sa/so 14–18 Uhr. Flugplatzmuseum, Am Fichtesportplatz (März–Okt. di–fr 10–17, sa 10–18 Uhr). Museum für Natur und Umwelt, Am Amtsteich 17/18 (di–fr 8.30–17, sa/so 14–18 Uhr).
Aktivitäten: Spielbank, Diskos, Kino-Center, Tierpark, Planetarium, Puppenbühne; Frei-, Hallen-, Spaßbad, Angeln, Tennis, Reiten, Rad- u. Fußwanderwege, Bootsverleih, Ballonfahrten, Schmalspurbahnfahrten; in *Neuhausen* (8 km südöstl.) Flugsport.
Veranstaltungen: Karnevalsumzug (Febr.); Tanztage, Mittelalterspektakel, Int. Reit- u. Springturnier, German Meeting der Leichtathletik (Mai); Klassische Musik mit Feuerwerk, Dixielandfest, Stadtfest, Pressefest der Lausitz (Juni); Int. Folkfest, Lausitzer Opernsommer (Aug.); Töpferfest (Sept.), Bauernmarkt (Sept./Okt.); Festival des jungen Osteuropäischen Films und Cottbuser Tanztage (Nov.).
ℹ Cottbus-Information, Karl-Marx-Str. 68, 03044 Cottbus, Tel. 0355/24254.

Forst ④

Kleinstadt (26 000 Einw.) an der Lausitzer Neiße, vor dem Ersten Weltkrieg als ›Manchester des Ostens‹ führende deutsche Textilstadt.
Sehenswert ist die Industriearchitektur: Fabriken, Arbeiterquartiere, Beamtenhäuser, Direktorenvillen. Neugotischer Wasserturm (1903). Ostdeutscher Rosengarten (15 ha; tgl. 8–20, Nov.–Mai 9–17 Uhr).
Museum: Brandenburgisches Textilmuseum, Sorauer Str. 37: Vorführung von der Faser bis zum Tuch auf historischen Maschinen (mi, do 10–17, fr–so 14–17 Uhr).
Aktivitäten: Badeseen, Angeln, Bootsverleih, Wandern, Radfahren, Reiten, Kutschfahrten; Tagebauexkursionen.
Veranstaltungen: Großer Pfingstpreis von Forst auf der Radrennbahn, Rosengartenfesttage (Juni); Romantiknacht im Rosengarten, Int. Steherrennen auf der Radrennbahn (Aug.); in *Groß Kölzig* (9 km südl.) Int. Lausitzer Schlittenhunderennen (Dez.).
ℹ Fremdenverkehrsverein, Cottbuser Str. 10, 03149 Forst, 03562/669066.

Spremberg ⑤

Kleinstadt (24 000 Einw.) im Spreetal an den Höhen des Niederlausitzer Grenzwalls. Mit Gründung des Deutschen Reiches (1871) war Spremberg der geographische Mittelpunkt Deutschlands (Gedenkstein).
Sehenswert: Kreuzkirche in Backsteingotik mit zwei Altären. Kavalierhaus (1706), Lange Str. 15/16, in der Nähe Reichspostgebäude mit Telegrafenturm. Auf dem Schomberg eine aus dem Tagebauvorfeld umgesetzte 500-jährige Dorfkirche. Bismarckturm (1903) auf dem Georgenberg, Spremberger Wahrzeichen (April–Okt. mi 9–12, sa/so 14–18 Uhr). Geburtshaus des Dichters E. Strittmatter, Karl-Marx-Str. 85, mit Gedenktafel.
Museen: Niederlausitzer Heidemuseum mit Strittmatterstube im Schloss (di–fr 9–12 u. 13–17, so 14–17 Uhr). In *Bohsdorf* (12 km nordöstl.) Strittmatter-Gedenkstätte ›Der Laden‹ (di–fr 15–18, sa 10–12 u. 14–18, so/fei 14–17 Uhr). In *Bloischdorf* (6 km nordöstl.) Museumsdorf (Mai–Sept. tgl. 10–17 Uhr).
Aktivitäten: Erlebnisfreibad am Kochsagrund, Golf, Reiten, Wandern, Radfahren; am *Stausee Spremberg* (3 km nördl.) Angeln, Surfen, Segeln.
Umgebung: *Schwarze Pumpe* (3 km südwestl.) mit modernstem Braunkohlekraftwerk der Welt (Führungen sa 11–17 Uhr).
Veranstaltungen: Musiksommer (Juni bis Aug.), Heimatfest (Aug.); Blütenfest (Mai) in Bohsdorf.
ℹ Fremdenverkehrsverein, Am Markt 2, 03130 Spremberg, Tel. 03563/4530.

Bad Muskau ⑥

Park- und Kurstadt im Tal der Lausitzer Neiße am Grenzübergang nach Polen.
Park mit Museum: Pücklerscher Landschaftspark im englischen Stil (550 ha, 206 ha in Deutschland, Rest auf polnischem Territorium) mit Schloss-, Bade- und Bergpark: Renaissance-Schloss (16. Jh., z. Z. Instandsetzung, Teile zugängl.), Altes Schloss mit Portal (14. Jh.), heute Stadt- und Parkmuseum (tgl. 10–12 u. 13–17 Uhr), Orangerie (1840) nach Plänen von G. Semper, Ruine der Bergkirche (14. Jh.).
Aktivitäten: Angeln, Wandern, Radfahren, Schmalspurbahnfahrten; in *Krauschwitz* (2 km südl.) Freizeiterlebnisbad, Schautöpfern, Najorka, Waldweg 19.
Veranstaltungen: Faschingsumzug (Febr.); Frühlingsfest (Mai); Schützenfest (Juni); Schlossparkfest (Juli); Stadtfest (Aug.); Fischerfest (Okt.).
Umgebung: In *Kromlau* (6 km westl.) Kavalierhaus (19. Jh.) mit Lüftlmalerei. Schöne Dörfer (weiter westl.) mit deutschsorbischer Bevölkerung sind *Halbendorf*, *Schleife*, *Rohne* und *Trebendorf*.
ℹ Fremdenverkehrsbüro, Schloßstr. 3, 02953 Bad Muskau, Tel. 035771/50492.

Maßstab 1:200.000
0 2 4 6 8 10 km

Einst Kohlegrube, heute Wassersportparadies mit feinem Sandstrand: Am Grünewalder Lauch westlich von Lauchhammer wähnt man sich fast an der See.

Ein Gefühl von ›Meer‹ im Braunkohlerevier

Um Calau, Senftenberg und Lauchhammer, einst geprägt von Tagebauen und rauchenden Schloten, sind die ›Dreckschleudern‹ außer Betrieb. Der Wandel inspirierte zu kühnen Projekten: Die Internationale Bauausstellung ›Fürst-Pückler-Land‹ will die Traditionen des Lausitzer Parkgestalters mit einer grandiosen Seenkette fortführen. Pünktlich zur Expo 2000 aufpoliert wurde Marga, die erste deutsche Gartenstadt. Unberührt von allem Wandel werden in der Calauer Schweiz weiter Buchweizenplinsen gebacken, treffen sich Chöre aus ganz Deutschland in Finsterwalde alle zwei Jahre zum Sängerfest.

△ Eduard Petzold machte aus Altdöberns Schlosspark ab 1881 einen Landschaftsgarten

Die originelle Feldsteinkirche in Walddrehna stammt aus dem 13. Jahrhundert ▽

△ Von 1921: Altdöberns neubarocke Kirche ...

... mit ›zeitgenössischen‹ Kapitellen ▽

△ Sieben Töpferwerkstätten zählt die Gemeinde Crinitz

Das Schloss in Fürstlich Drehna erstrahlt in frischem Weiß ▽

Die Gletscher der Saale-Eiszeit schufen vom Dahmetal bei Luckau bis Altdöbern einen ansehnlichen Höhenzug: eine der beachtlichsten Altmoränenlandschaften in Deutschland mit bis zu 70 Metern Höhenunterschied. Das Gebiet wurde 1997 als Naturpark Niederlausitzer Landrücken unter Schutz gestellt. Logo des Parks ist der Raufußkauz. Aber auch Fisch- und Seeadler zum Beispiel sind in dem Park heimisch.

Ein Sechstel der knapp 600 Quadratkilometer Fläche sind frühere Braunkohletagebaue. Einige der ›Mondlandschaften‹ bleiben sich selbst überlassen: Auf den Dünen, in Seen und Sümpfen leben Kraniche, Gänse, Ufer- und Flussseeschwalben. Die Kiefernheiden sind im Spätsommer und Herbst Ziel vieler Pilzsammler.

Vogelscharen bei Görlsdorf

Gäste sind auch die Kraniche, die auf ihrem Herbstzug von Nordeuropa kommend hier rasten – etwa um Görlsdorf auf dem Weg von Luckau nach Calau. Ab September verweilen sie auf Ackerflächen und Flachmooren, um bei Frosteinbruch in Pulks weiter zu den Winterquartieren nach Südfrankreich und Spanien zu fliegen.

Zum Höhepunkt der Herbstrast werden innerhalb einer Stunde bis zu 3500 Kraniche, 50 000 Stare, 20 000 nordische Gänse und etwa 2000 Kiebitze gezählt. Maispflanzen bleiben als Futter für die Vögel auf den Feldern. Vertragsnaturschutz lässt das für die Landwirte zum Geschäft werden.

Aus Calau kommt der Kalauer

Geburtsort doppelsinniger Wortwitze ist Calau: Die Schuster dachten sich während der eintönigen Arbeit zum Zeitvertreib Anekdoten, Witze und Wortspiele aus. Die Gesellen sorgten auf der Wanderschaft für ihre Verbreitung.

Berühmt aber machte die Kalauer der Journalist Ernst Dohm. Mitte des 19. Jahrhunderts weilte er oft bei einem Calauer Freund und sandte von hier per Postkutsche die neuesten Kalauer an die Berliner Satirezeitschrift ›Kladderadatsch‹. Die Rubrik ›Aus Calau wird gemeldet‹ wurde zum Verkaufsschlager.

△ Finsterwalder Ansichten: Tante-Emma-Laden im Kreismuseum, ...

... Arkadeninnenhof vom Schloss ▽

△ Die sieben Geißlein am Märchenhaus in Finsterwalde

△ Beim Bummel durch Finsterwalde ist man nicht allein

Schloss Sallgast: einst Raubritternest, heute Restaurant ▽

In vielen Lexika hingegen ist etwas anderes zu lesen. Sie behaupten, der Begriff Kalauer sei vom französischen Wort *calembour* abgeleitet.

Buchweizen der ›Plinsdörfer‹

Südlich liegt die Calauer Schweiz. Mit dem Kesselberg steigt sie bis auf 161 Meter an. Auf den sandigen leichten Böden gedeiht seit jeher das Heidekorn, der Buchweizen. Bis 1945 war die alte Kulturpflanze aus der Familie der Knöterichgewächse allgegenwärtig, später hatte sie keine Chance mehr gegen das echte Getreide. In den ›Plinsdörfern‹ Gosda, Weißag und Zwietow aber werden bis heute die berühmten Buchweizenplinsen, also eine Art Eierpfannkuchen, gebacken. Als Zutat landet der Buchweizen auch in der Grützwurst. Probieren kann man die Niederlausitzer Spezialitäten nach Vorbestellung im Gasthaus ›Gaumer‹ in Weißag. Dankbare Abnehmer von Buchweizenkernen, -grütze und -mehl sind vor allem Bioläden. Denn Buchweizen wird als diätisches Lebensmittel geschätzt, weil es kein Klebereiweiß enthält.

Sänger aus Finsterwalde

Der Berliner Wilhelm Wolff komponierte die Burleske ›Wir sind die Sänger von Finsterwalde‹, uraufgeführt 1899 in den Berliner Germania-Sälen. Für die Hauptstädter war Finsterwalde danach das Synonym für Provinz mit hinterwäldlerischen Bewohnern. Über der von großen Kiefernwäldern umgebenen Kleinstadt am Westrand der Niederlausitz liegt noch immer ein Hauch Provinzialität. Um 1900 galt das inzwischen zum Marsch umgewandelte Musikstück als bester Schlager Berlins. Wolff war es nicht vergönnt, von diesem Erfolg zu profitieren: Verarmt und in seelischen Nöten beging er 1912 Selbstmord.
Die Finsterwalder Sangeslust blieb erhalten. Alle zwei Jahre im August platzt die Stadt aus den Nähten: Dann lädt Finsterwalde zum Sängerfest ein, Chöre aus ganz Deutschland bewerben sich um eine Teilnahme. Und im Publikum kursiert der Trost: ›Wer nicht singen kann, der trinkt, bis ihm mal ein Ton gelingt ...‹

△ *Kunstgussmuseum Lauchhammer: Plastiken und ihre Modelle* ▽

Die Wasserwerkstatt im Weißgerbermuseum Doberlug-Kirchhain ▽

△ *Marktplatz in Ruhland*

Mondsichelmadonna ... ▽

... aus der Klosterkirche Doberlug, einer spätromanischen Backsteinbasilika, in der die spitzbogige Gotik schon sichtbar wird ▽

Sanierungsfall Lauchhammer

1789 fand man bei Lauchhammer die erste Braunkohle, maß ihr jedoch keine Bedeutung zu. Der Abbau begann erst 1851. Daneben wuchsen Brikettfabriken. Zu DDR-Zeiten war Lauchhammer Zentrum der Kohleveredlung und des Schwermaschinenbaus. Rohstoffmangel und Devisenknappheit machten erfinderisch. So ertüftelten kluge Köpfe eine Technologie, mit der sich die Braunkohle zu Koks verwandeln ließ. 1952 nahm in Lauchhammer die erste Braunkohlekokerei der Welt ihren Betrieb auf.

Seit dem Untergang der DDR wird hier keine Kohle mehr veredelt, und viele einstige Industriestandorte fristen als ›besenreine‹ Brachen ihr Dasein. Andere, wie Lauchhammer-Süd, steigen wie Phönix aus der Asche: Hier wächst ein moderner Industrie- und Gewerbepark heran. Noch allerdings beträgt die offizielle Arbeitslosenquote in der Region über 20 Prozent.

Wieder neue Glocken

Lauchhammers ältester Industriezweig aber hat alle Wirren der Zeit überstanden. 1725 wurde erstmals Eisenguss, 1784 Eisenkunstguss und ab 1839 Bronzeguss gefertigt. Seitdem entstand eine Vielzahl von Denkmälern und Brunnen, Wappen und Gedenktafeln. Rund um die Welt zwischen Berlin und Buenos Aires verteilt, sind es wohl die beständigsten Lausitzer Produkte. Berühmte Exemplare in deutschen Landen sind das Wormser Lutherdenkmal und der Neptunbrunnen in Berlin. Die renommiertesten Arbeiten vor dem Zweiten Weltkrieg waren Wittenbergs Schlosskirchenglocke (4500 Kilo) und die Glocke des Berliner Doms (3000 Kilo). Seit 1994 werden wieder neue Glocken gegossen. Verkleinerte Kopien und viele Originale aus mehreren Jahrhunderten sind im Kunstgussmuseum in Lauchhammer-Ost ausgestellt.

Vom Tagebau zum Badespaß

Der Senftenberger See ist ein künstliches Gewässer – eigentlich ein Braunkohletagebau, der ab 1967 geflutet wurde. Der 20-Kilometer-Rundweg ist mit grünem Punkt markiert. Sein makelloser Asphalt

△ Senftenberg: In der Glasfassade des Rathauses spiegeln sich die Zeitläufte

△ Auch das ist neu: Straßencafé am Senftenberger Rathaus

△ Sandiges Plätzchen am Senftenberger See bei Niemtsch

Haus des Festungskommandanten ▽

Naherholungsgebiet Senftenberger See: ideal für Surfer und Segler ▽

zieht besonders Radler und Skater an. Am Ufer wechseln belebte Strände mit ruhigen Badestellen, an denen sich auch Nackedeis tummeln. Der See besitzt Trinkwasserqualität. Die Sichttiefe liegt zwischen fünf und zehn Metern. 1300 Hektar Wasserfläche und eine Insel, mit 266 Hektar sogar die größte der Lausitz. Wegen Rutschungsgefahr darf sie nicht betreten werden und wurde Naturschutzgebiet – Refugium für 70 Vogel- und 140 Schmetterlingsarten.

Marga strahlt wieder

Anna, Eva, Renate und Victoria hießen die Braunkohlegruben. Vor hundert Jahren waren die Namen unternehmerischer Aktivitäten weiblich. Ihren Besitzern brachten sie Reichtum, Arbeitern relativen Wohlstand. Steingewordenes Zeugnis dafür ist die erste deutsche Gartenstadt, erbaut für die Belegschaft der Kohlegruben, Kraftwerke und Brikettfabriken im Senftenberger Revier. Marga ist eine architektonische Perle im Jugendstil, auf Landkarten nüchtern als Brieske-Ost vermerkt. Die Baupläne lieferte der Dresdner Architekt G. H. von Mayenburg. Die ersten Häuser wurden 1907 errichtet. Erst drei Jahre später nahm die bekanntere Gartenstadt Margarethenhöhe in Essen Gestalt an. Heute gehören 500 Wohnungen zum denkmalgeschützten Kernbereich.

›Welt der Rekorde‹

Vor Senftenbergs westlichen Stadttoren eröffnete im Sommer 2000 Europas größte und modernste Sport- und Erlebnisarena. Der Lausitzring wirbt mit dem Slogan ›Welt der Rekorde‹: In einer Bauzeit von nur eineinhalb Jahren entstanden vier Rennstreckenvarianten, 120 000 Zuschauerplätze – alle mit kompletter Sicht auf den gesamten Streckenverlauf, die größten Veranstaltungsflächen und die meisten Parkplätze im Vergleich zur Konkurrenz. Der Trioval-Kurs ermöglicht als einziger auf dem alten Kontinent Rennen der amerikanischen C.A.R.T.-Serie mit Geschwindigkeiten bis zu 400 Stundenkilometer, zwei Grand-Prix-Kurse erwarten Autos und Motorräder. Vom Open-Air-Konzert bis zur Technikschau – die multifunktionale Anlage kann auch das bieten.

Lausitzer Grenzwall
Naturpark Niederlausitzer Landrücken
Naturpark Niederlausitzer Heidelandschaft
Massen-Niederlausitz
Calauer Schweiz
SCHLIEBEN
KIRCHHAIN
DOBERLUG
FINSTERWALDE
SONNEWALDE
CALAU KALAWA
VETSCHAU SPREEWALD WĚTOŠOW
GROSSRÄSCHEN
WELZOW WELCEJ
SENFTENBERG
SCHWARZHEIDE
RUHLAND
LAUCHHAMMER
ELSTERWERDA
BAD LIEBENWERDA
WAHRENBRÜCK
LAUTA ŁUTY
Sperrgebiet
Lausitzring
Tagebau außer Betrieb
Senftenberger See
NSG
Altdöbern
Bronkow
Lübbenau
Crinitz
Gahro
Görlsdorf
Schlabendorf
Zinnitz
Bathow
Buckow
Kemmen
Craupe
Lug
Barzig
Drochow
Meuro
Klettwitz
Schipkau
Brieske
Hosena
Peickwitz
Plessa
Hohenleipisch
Gorden
Staupitz
Rückersdorf
Oppelhain
Schönborn
Tröbitz
Hennersdorf
Lugau
Massen
Gröbitz
Ponnsdorf
Betten
Lieskau
Sallgast
Lichterfeld
Ranzow
Reddern
Casel
Pritzen
Lubochow
Lindchen
Missen
Repten
Ogrosen
Laasow
Bahnsdorf
Proschim
Allmosen
Freienhufen
Hohenbucko
Naundorf
Proßmarke
Friedersdorf
Trebbus
Arenzhain
Werenzhain
Frankena
Brenitz
Zeckerin
Pahlsdorf
Walddrehna
Beesdau
Bergen

Wo gibt es was?

Fähnchennummer = Textnummer ❶ = Auskunft

Calau ①

Kleinstadt am Rand der Calauer Schweiz südlich des Spreewalds.
Sehenswürdigkeiten/Museum: Stadtkirche (um 1400) und das benachbarte zweigeschossige Fachwerkhaus (1790), heute Heimatmuseum, Kirchstr. 33, mit alter Schuhmacherei, Einklassenzimmer, Lehrerwohnung im Biedermeierstil (nach Absprache, Tel. 03541/2973 und 89123).
Aktivitäten: Wandern, Radfahren, Kutsch- und Kremserfahrten, Reiten, Skilaufen.
Veranstaltungen: Lausitzer Opernsommer (Juli) in *Repten* (8 km östl.); Stadtfest (Sept.).
Umgebung: In *Werchow* (2 km südl.) entspringt der Goldborn, die stärkste Lausitzer Quelle. In *Altdöbern* (11 km südöstl.) Schloss (18. Jh.), Landschaftspark nach Pückler-Art mit Neptunbrunnen und Sandsteinplastiken von G. Knöffler, neubarocke Kirche (1918–21). In *Fürstlich Drehna* (10 km westl.) ehemaliges Wasserschloss (15. Jh.; z. Z. Rekonstruktion). Teile des Lennéschen Parks, vom Bergbau abgebaggert, sind inzwischen neu gestaltet; Schlossbrauerei (1786). *Crinitz* (13 km westl.) besitzt 7 Töpfereien (Besichtigung nach Anmeldung). In *Walddrehna* (22 km westl.) Feldsteinkirche aus dem 13. Jh.
❶ Landkreis Oberspreewald-Lausitz, Kirchplatz 18, 01968 Senftenberg, Tel. 03573/796318.

Finsterwalde ②

Stadt (22 500 Einw.) an der Bahnstrecke Cottbus–Leipzig am Westrand der Lausitz.
Sehenswert: Barock- und Jugendstilhäuser, barockes Rathaus (1739) mit Uhrtürmchen, Dreifaltigkeitskirche (16./17. Jh.) mit Hochaltar (1594) und Kanzel von Meister Kuntze (1615) am Markt. Nahe vom Markt ›Curdsburg‹, ein Stadthaus (16. Jh.) mit Sitznischenportal. Reliefs zu Märchen der Brüder Grimm zieren das backsteinerne Märchenhaus (1928). Das aus einer Wasserburg entstandene Renaissance-Schloss (16. Jh.) mit Arkadenhof ist heute Verwaltung (geöffnet zu Dienstzeiten). Die Bürgerheide, heute mit kleinem Tierpark, erwarb Bürgermeister Koswig durch eine Wette: Er erwies sich trinkfester als der damalige Besitzer, der Kurfürst von Sachsen.
Museum: Kreismuseum, Lange Str. 6–8, mit Kaufmannsladen (19. Jh.) und Drogerie mit DDR-Angebotspalette (di 9–11 u. 14–18, mi, do u. so 9–11 u. 14–17 Uhr).
Aktivitäten: Freibad, Wandern, Radfahren, Rundflüge vom Segelflugplatz.
Veranstaltungen: Schlossparty (Juni); Sängerfest (2jährl., Aug. 2000, 2002).
Umgebung: In *Sallgast* (10 km südöstl.) Schloss mit vier Ecktürmen. Die einstige Wasserburg (1200) war im 14. Jh. ein Raubritternest, heute Restaurant.
❶ Fremdenverkehrsbüro, Markt 1, 03238 Finsterwalde, Tel. 03531/703079.

Maßstab 1:200.000
0 2 4 6 8 10km

Doberlug-Kirchhain ③

1950 vereinter Doppelort im äußersten Süden Brandenburgs.
Geschichte: Bis 1937 slawischer Name ›Dobrilugk‹, zu deutsch: ›Gute Wiese‹. Das Zisterzienserkloster (1165) war ein Zentrum der Christianisierung während der deutschen Ostexpansion. Auf einer Reise von Italien zur Ostsee weilte 1212 der Minnesänger Walther von der Vogelweide bei den Mönchen.
Sehenswert: Klosterkirche St. Marien, romanisch-gotischer Backsteinbau. Refektorium im Stil der Neurenaissance verändert (mo–fr 8–11.30 u. 13–15 Uhr). Das Renaissance-Schloss ist als Jahresschloss bekannt: 1 Turm, 4 Flügel für die Jahreszeiten, 12 Giebel für die Monate, 52 Fialen für die Wochen, 365 Fenster für die Tage (noch 320 vorhanden). Die barock geprägte Altstadt Doberlug steht unter Denkmalschutz. Kursächsische Distanzsäule (1736) auf dem Kirchhainer Schützenplatz.
Museen: Das Kirchhainer Weißgerbermuseum, Potsdamer Str. 18, ist das einzige seiner Art in Europa: Werkstatt, Technologie der Weißlederherstellung (1680–1947), exotische Felle, Leder von Maus- bis Elefantenhaut (di–do 9–12 u. 14–17, fr 10–12 u. 14–16, so 14–16 Uhr). Puppenmuseum, Bahnhofstr. 1: 200 Puppen, Teddybären, Puppenmöbel u.a.m. (di–so 14–18 Uhr).
Aktivitäten: Schwimmen (Bad Erna), Angeln, Wandern, Radwandern auf den Spuren der Mönche, Porzellanpuppen-Kurse.
Veranstaltungen: Frühlingsfest (Mai); Sommer-Orgelkonzerte in der Klosterkirche (Juni–Aug.); Schützenfeste Doberlug und Kirchhain.
Umgebung: In *Domsdorf* (10 km südwestl.) älteste europäische Brikettfabrik (1882) mit noch funktionstüchtigen Maschinen (mo–fr 10–13, so 10–16 Uhr).
❶ Fremdenverkehrsbüro, Potsdamer Str. 18, 03253 Doberlug-Kirchhain, Tel. 035322/2293.

Lauchhammer ④

Stadt (23 000 Einw.) aus sieben Dörfern nördlich der Schwarzen Elster.
Sehenswert: Lauchhammerwerk (1836) mit Dreizylinder-Gebläsemaschine für Roh- und Bleischachtöfen, bis 1925 in Freiberg/Sachsen im Einsatz (Schauvorführungen). Barocke Schlosskirche (1747) im Schlosspark Lauchhammer-West.
Museen: Kunstgussmuseum, Grünhauser Str. 19: Produkte, Modelle und Originale aus zweieinhalb Jahrhunderten (tgl. 13–17 Uhr). Im Ortsteil *Grünewalde* (4 km nordwestl.) Mühlenhofmuseum, Schulstraße (mo–fr 10–15 Uhr, sa/so 15–17 Uhr).
Aktivitäten: Baden (Freibad u. Tagebausee), Surfen, Segeln (Grünewalder Lauch), Tennis, Reiten, Radfahren, Wandern; Tagebaubesichtigungen.
Veranstaltungen: Freilichtkino (Mai bis Sept.); Oldtimerparty (Juni); Strandfest (Juli); Stadt- und Gießereifest (Aug.).
Umgebung: In *Ruhland* (9 km östl.) barocke Pfarrkirche (nach 1772) mit Kanzelaltar (um 1780/90), Taufe (1780), Mondsichelmadonna (um 1500).
❶ Fremdenverkehrsbüro, Kleinleipischer Str. 12, 01979 Lauchhammer, Tel. 03574/120937.

Senftenberg ⑤

Die Stadt (29 000 Einw.) an B 169 und Bahnstrecke Cottbus–Dresden war bis in die jüngste Vergangenheit von der Braunkohle geprägt. Gefluteter Tagebau (1967 bis 1973) ist der Senftenberger See. Zur Expo 2000 aufpoliert wurde die Gartenstadt Marga im angrenzenden *Brieske-Ost*.
Sehenswert: Festungsanlage mit Pulvertürmchen, Kommandantenhaus, Kasematten, deren Bastionen und Erdwall komplett erhalten sind. Spätgotische Peter-und-Paul-Kirche (1400). In der Bahnhofstraße einige Jugendstilhäuser. Ehemals Burg war das Renaissance-Schloss (siehe Museen); im Schlosshof Kopie von Ernst Barlachs ›Bettler auf Krücken‹. Der Tierpark am Schloss züchtet europäische Braunbären (tgl. 8–18, Okt.–April 9–16 Uhr).
Museen: Kreismuseum, im Schloss, mit Festungsmodell (Maßstab 1:100), Buckelkeramik-Gefäßen, historischer Weinpresse, sorbischer Spinnstube, Modellbergbauschacht (di–fr 10–17, sa/so 14–18, Okt. bis April di–fr 10–16, sa/so 13–17 Uhr). Galerie am Schloss, im Polenzhaus, mit regionaler Malerei, Plastik, Grafik (di–fr 10–14, sa/so 14–18 Uhr). In *Niemtsch* (südl. Stadtrand) Sammlung gestalteter Briketts, Dorfstr. 47 (so 9–11 Uhr). Museumshof *Großkoschen* (4 km südl.) am Senftenberger See, Vierseithof mit Skudenzucht (Schafsrasse) und 1200 historischen Landwirtschaftsgeräten (Mai–Okt. di–fr 10–15.30, sa/so 13–17 Uhr).
Aktivitäten: Planetarium; Erlebnisbad; Baden, Tauchen, Surfen, Segeln, Angeln, Bootsverleih, Schiffsrundfahrt (Senftenberger See); Reiten, Wandern, Radfahren, Kremserfahrten, Kunsteisbahn, Leichtathletik (Niederlausitzhalle), Moto-Cross (Enduro-Land), Tagebaubesichtigung; Lausitzring bei *Klettwitz* (3 km westl.), multifunktionale Renn-, Test- und Eventanlage.
Veranstaltungen: Theater in der Neuen Bühne; Konzerte im Schloss Senftenberg; Peter-und-Paul-Markt (Juni); Strandfest (Juni); Seefest (Juli/Aug.); Langstreckenschwimmen bei Niemtsch (Aug.); Tierparkfest (Aug.); Reiterfest (Sept.) in *Sedlitz* (4 km nordöstl.); Lausitzer Opernsommer auf Gut *Geisendorf* (16 km nordöstl.); Orgelkonzerte in der ev. Kirche *Großräschen* (7 km nördl.).
❶ Tourist-Info, Am Markt 19, 01968 Senftenberg, Tel. 03573/19433.

Kleinod unter den gut tausend sächsischen Schlössern: Rammenau bei Bischofswerda.

Tief in der Tradition verwurzelt: Westlausitz

Den Aufklärern Lessing und Fichte, der eine Dichter, der andere Philosoph, gedenkt man in Kamenz und auf Schloss Rammenau. In Hoyerswerda zu Hause war der Computervater Konrad Zuse. Und das Alltagsleben? Es ruht noch immer in katholischen und sorbischen Traditionen: Zur Fronleichnamsprozession, auf der Wallfahrt nach Rosenthal und anderen festlichen Anlässen trägt man selbstverständlich Tracht. Und beim Osterritt werfen selbst die Pferde sich ›in Schale‹.

△ Rest der einstigen Lausitzer Urlandschaft: Dubringer Moor südwestlich von Hoyerswerda

△ Segler wie Angler zieht es an den Knappensee

△ Braunbär … … und Gemse im Zoo Hoyerswerda ▽

Viele Sagen sind in der Lausitzer Urlandschaft beheimatet. In Sumpf und Moor begegneten einst Wassermänner, Nixen und Irrlichter den Menschen. Das Dubringer Moor bei Hoyerswerda ist das bedeutendste Durchströmungsmoor zwischen Elbe und Oder. Die Fabelwesen sind hier mit etwas Fantasie auch heute noch aufzuspüren.

Eine Stadt vom Reißbrett

1957 war es mit der Beschaulichkeit um Hoyerswerda vorbei: Mit der Neustadt wuchs eine riesige Wohnstadt für das im Aufbau befindliche Gaskombinat Schwarze Pumpe. Die Architekten planten eine ›sozialistische Stadt‹, wegweisend für künftigen Wohnungsbau in Platten- und Großblockbauweise. Großräumig sollte sie werden, mit vielen Grün- und Freiflächen dazwischen. Es entstanden mehrere neue Stadtteile. Die Einheimischen nennen sie Wohnkomplexe oder einfach WKs. Auswärtige können sich leicht verirren. Die Investitionsmittel reichten aber nur für Massenquartiere, das geplante moderne Zentrum blieb ein Traum auf Papier.
Mit dem Roman ›Franziska Linkerhand‹, der zu den wichtigsten Werken der deutschen Nachkriegsliteratur zählt, hat sich die Schriftstellerin Brigitte Reimann (1933–1973) kritisch und unterhaltsam mit dem Aufbau von Neustadt beschäftigt. Heute ziehen Gutbetuchte hinaus ins Grüne, andere verlassen die Region. Viele haben sich auch mit der ›Platte‹ angefreundet: Die Blöcke werden modernisiert, Farben ersetzen das ehemals triste Grau.

△ *Vom Baden im Knappensee durch den Wald nach Hause*

Familie Schwan bei Zelders Teichen am Dubringer Moor ▽

Computervater Konrad Zuse

Prof. Dr. Konrad Zuse ist der berühmteste Ehrenbürger von Hoyerswerda. Der Diplomingenieur ertüftelte zwischen 1934 und 1937 den ersten funktionstüchtigen Elektronenrechner. Das röhrenbestückte Monstrum Z 1 war vier Quadratmeter groß und wog 800 Kilogramm. Z 4 war noch gewaltiger und lieferte nach Berichten von Zeitzeugen ›unter heillosem Gerassel exakte Lösungen für komplizierte Aufgaben‹. Von 1949 bis 1964 war Zuse Chef einer eigenen Firma, zuletzt mit 1200 Mit-

△ *Handwerkergässchen Lange Straße in der Altstadt von Hoyerswerda*

Singend ziehen die Osterreiter über den Wittichenauer Marktplatz ▽

△ Kursächsische Postmeilensäule von 1730 auf dem Marktplatz in Hoyerswerda

Wittichenau: gotische Pfarrkirche ...▽

△ ... mit Johannes demTäufer von Jäckel ...

△ ... und auf dem Marktplatz Krabat

arbeitern. Finanzielle Gründe zwangen ihn zur stückweisen Übergabe an Siemens. Das Unternehmen zahlte ihm eine Rente.

Im September 1995, drei Monate vor seinem Tod, konnte Zuse noch das Museum in Hoyerswerda einweihen, bestückt mit zwei seiner Röhrenrechner, Z 22 und Z 22R. Bis in die 1960er Jahre galt der Amerikaner Howard H. Aiken als Computervater. Heute werden Zuses Mammut-Rechenmaschinen als die ersten funktionstüchtigen Computer der Welt angesehen.

Zu Ostern wird geritten

Seit 1541 findet es statt: das Osterreiten zwischen Wittichenau und Ralbitz. In Wittichenau sind am Ostersonntagmorgen etwa 300 Pferde dabei. Die Sorben bezeichnen sich selbst als Kreuzreiter. Sie tragen Gehrock und Zylinder. Den Pferden wird die Mähne toupiert und der Schweif frisiert, das Zaumzeug ist reich geschmückt. Osterreiter, die erstmalig teilnehmen, bekommen ein Myrtenkränzchen.

Der Pfarrer segnet die Reiter. Danach werden Kirche und Friedhof umritten, dabei Kirchenlieder gesungen und für die Verstorbenen gebetet. Dann bricht der feierliche Tross mit Kreuz, Kirchenfahnen und Kruzifixen auf, um die Botschaft von Christi Auferstehung zu verkünden. Gleichzeitig ist von Ralbitz ein Zug gen Wittichenau unterwegs. Insgesamt wird in der Oberlausitz zu zehn derartigen Oster-Prozessionen gesattelt. Nur in Wittichenau aber gibt seit etwa hundert Jahren neben Sorben auch deutsche Teilnehmer.

Sorbischer Faust

Im Dorf Eutrich auf halber Strecke zwischen Königswartha und Ralbitz soll Krabat geboren sein, die bedeutendste sorbische Sagenfigur. Krabat wird gern als sorbischer Faust bezeichnet, denn er wollte auf freiem Grund mit freiem Volke stehn. Der Gänsehirt gelangte zur Zeit der Türkenkriege mit Zauberkünsten zu Reichtum, den er an die Armen und Bedürftigen verteilte. Das Zauberhandwerk erlernte er in der Schwarzen Mühle von Schwarzkollm, heute ein Ortsteil von Hoyerswerda.

△ Seit 1521 begeht Kamenz sein Forstfest: Parade auf dem Marktplatz, ...

Kamenz ehrt Lessing mit einer Büste ▽

... Salut der Schützengilde ▽

△ Italien lässt grüßen: Kamenz' Rathaus gleicht einem Palazzo

Königsbrück: Markt mit Rathaus ▽

Die Geschichte hat mehrere Dichter inspiriert, beispielsweise den Kinderbuchautor Ottfried Preußler. Auch wahrhaftige Spuren blieben erhalten: Im 17. Jahrhundert bekam der Kroate Johann Schadowitz für seine Verdienste im Türkenkrieg vom sächsischen Kurfürsten das Vorwerk Groß Särchen geschenkt, heute am Ostufer des Knappensees gelegen. Die Sage behauptete später, er wäre der Zauberer Krabat gewesen. Auf dem Wittichenauer Markt blickt er von einer Säule herab, und in der katholischen Kirche hat Krabat seine letzte Ruhestätte gefunden. Am Kirchenpfeiler steht ein kurzer Auszug aus dem Totenbuch von 1704: ›Den 29. Maij ist in Serchen alhier in der Kirchen den 2. Junij begraben worden unterhalb des Presbytorij am Gläkel der gnädige Herr H. Obrist Johannes Schadowitz in Croatien von Agram gebürtig.‹

In Kamenz geboren: Lessing

Der Pfarrerssohn Gotthold Ephraim Lessing kam am 22. Januar 1729 in Kamenz auf die Welt. Der Stadtbrand von 1842 vernichtete das Geburtshaus. Doch eine Gedenktafel im Lessinggässchen erinnert noch an den ehemaligen Standort. Nach dem Besuch der Lateinschule schickte der Vater den 12-jährigen Gotthold an die Meißner Fürstenschule. Sein Rektor schrieb ihm: ›Er ist ein Pferd, das doppeltes Futter braucht, Lektionen, die anderen zu schwer werden, sind ihm kinderleicht.‹

Der Dichter und Aufklärer schuf das erste deutsche Lustspiel, ›Minna von Barnhelm‹, mit ›Miss Sara Sampson‹ die erste bürgerliche deutsche Tragödie und viele Fabeln, in denen er Lehrhaftes und Gesellschaftskritisches versteckte. ›Nathan der Weise‹ machte Lessing erst nach seinem Tod weltberühmt. Er starb 1781 in Braunschweig, verarmt und beerdigt auf Staatskosten.

Anlässlich seines 200. Geburtstages wurde mit dem Bau des Lessingmuseums begonnen. Heute ist es ein Haus der Literatur mit bibliophilen Schätzen und anheimelndem Lesecafé. Aufführungen, Lesungen und Diskussionsrunden erleben bei den Lessing-Tagen, die alljährlich im Januar und Februar stattfinden, ihren Höhepunkt.

△ Panschwitz-Kuckau: Vor dem Kloster St. Marienstern wacht ein Brunnenlöwe

△ Schon 1982 restauriert: Kirchenfassade und Haus der Äbtissin

Im Klostergarten ▽

Barocke Heiligenfiguren in der Abteikirche ▽

Symbol der Gleichheit: 300 Holzkreuze auf dem sorbischen Friedhof Ralbitz ▽

Brunnenhaus der wundertätigen Marienquelle in Rosenthal ▽

Kloster seit 750 Jahren

Obstbäume säumen den Weg nach Panschwitz-Kuckau bei Kamenz. Das Kloster St. Marienstern ist mit seinem rotbraun-weißen Farbkontrast typisch für Bauten im Stil des böhmischen Barock. Sehenswürdigkeiten in der Klosterkirche sind der Hochaltar, die spätgotischen Flügelaltäre, eine Mondsichelmadonna und zwölf Heiligenfiguren auf der Südempore. Das farbenprächtige ›Hussitenfenster‹ überstand als einzige ursprüngliche Glasmalerei den verheerenden Brand während der Hussitenkriege 1429.

Das Leben der hiesigen Zisterzienserinnen wird seit über 750 Jahren vom Beten und Arbeiten bestimmt. St. Marienstern und St. Marienthal bei Görlitz sind die einzigen deutschen Klöster, die nie aufgelöst wurden. Zum 750. Klosterjubiläum 1998 waren der Öffentlichkeit die Türen zu Klausur, Kreuzgang und Kapitelsaal erstmals für 128 Tage zugänglich: Der durch die strengen Klausurvorschriften bisher verborgene Klosterschatz wurde im Rahmen der Sächsischen Landesausstellung von der Fachwelt euphorisch als Sensation von internationalem Rang gewürdigt und mit dem des Prager Veitsdoms verglichen. Einige der Kostbarkeiten werden jetzt in der Schatzkammer des alten Gästehauses gezeigt. Der Umwelt- und Lehrgarten zeigt eine agrarhistorische Ausstellung, die den mühseligen Weg vom Korn zum Brot verdeutlicht. Für das leibliche Wohl sorgt man in Klosterstübl und Klosterkeller. Neben deftigen Oberlausitzer Gerichten werden das St. Mariensterner Schwarzbier und der Klosterlikör serviert.

Land der Pfefferküchler

Die Westlausitz ist das Land der Pfefferküchler: Gleich neun Produzenten wetteifern in der Stadt Pulsnitz um die Gunst der großen und kleinen Kundschaft. Seit 1558 besitzen die Pulsnitzer das Privileg zum Backen von Pfefferkuchen. Der Bäcker- und Küchlergeselle Tobias Thomas kam 1743 von der Wanderschaft aus Thorn (heute Toruń in Polen) zurück. Im Kopf hatte er viele neue Kenntnisse und Rezepte. Der Berufsstand erblühte, 50 Pfefferküch-

△ Bischofswerda: vor dem klassizistischen Rathaus der Adam-und-Eva-Brunnen im Jugendstil ▽

Am Marktplatz in Pulsnitz

△ Schloss Rammenau: Der Spiegelsaal im Obergeschoss verzaubert durch seine Harmonie ▽

lereien gab es einmal in der Stadt. Heute sind immerhin noch acht Bäckereien und eine Lebkuchenfabrik ganzjährig mit der Produktion des Festgebäcks beschäftigt.
Die Lebkuchen der Nürnberger Konkurrenz entstehen aus Sofortteig, der hiesige wird erst bis zu sechs Wochen gelagert und dann verbacken. Man erzählt gar, dass die Pfefferküchler einst bei der Geburt einer Tochter sogleich den Teig für deren Hochzeitsfeier einrührten. Jede Küchlerei bereitet den Teig nach einem streng gehüteten Rezept. Die Grundmischung besteht aus Roggen- und Weizenmehl, Honig, Zuckersirup und vielen Gewürzen. Als Vollhandwerk ist das Pulsnitzer Pfefferkuchenbacken in Deutschland einmalig. Deshalb dauerte es Jahre, bis die (west)deutsche Handwerksordnung dies anerkannte. Erst der Bundestag bestätigte die Rechte der Pulsnitzer Pfefferküchlermeister.

Schloss mit Teufelszimmer

Von den gut 1000 sächsischen Schlössern, Burgen und Gärten gehört Rammenau bei Bischofswerda zu den lieblichsten, Barock und Klassizismus wurden gekonnt miteinander vereint. Als Baumeister wird Johann Christoph Knöffel vermutet, genau weiß man es jedoch nicht, weil sämtliche Pläne verschollen sind. Der Bau verschlang viel Geld, mehr als der Besitzer Ernst Ferdinand von Knoch aufbringen konnte. Als man beim Einrichten des Pompejanischen Zimmers 1744 Konkurs anmelden musste, wurde es dem Satan gewidmet. Noch heute trägt das Gemach im Volksmund den Beinamen Teufelszimmer.

Johann Gottfried Fichte

Eine Dauerausstellung im Schloss ist dem in Rammenau geborenen Philosophen Johann Gottlieb Fichte (1762–1814) gewidmet. Immer wieder überarbeitet hatte dieser seine ›Wissenschaftslehre‹ und dabei die vernunftgemäße Gestaltung aller Dinge durch einen selbstbewussten, ganzheitlich und kritisch denkenden Menschen vor Augen. Dazu die notwendige Erziehung, welche die Charakter- und Willensbildung zur Selbstständigkeit und dem Dienst an der Gemeinschaft betonte.

HOYERSWERDA
WOJERECY
WITTICHENAU
KULOW
LAUTA
BERNSDORF
NIEDŹICHOW
KAMENZ
KAMJENC
ELSTRA
PULSNITZ
POLČNICA
BISCHOFSWERDA
BISKOPICY
GROSSRÖHRSDORF
KÖNIGSBRÜCK
KINSPORK
Ottendorf-Okrilla
RADEBURG
Moritzburg
COSWIG
WEINBÖHLA
GROSSENHAIN
ORTRAND
RUHLAND
SCHWARZHEIDE
LAUCHHAMMER
ELSTERWERDA
Königswartha
Ralbitz
Rosenthal
Panschwitz-Kuckau
Zabeltitz

Wo gibt es was?

Fähnchennummer = Textnummer ⓘ = Auskunft

Hoyerswerda ①

Hoyerswerda (55 000 Ew.) ist die zweitgrößte Stadt der Oberlausitz.
Sehenswert: Die Wasserburg (13. Jh.) wurde 1592 zum Renaissance-Schloss umgebaut. Im Schlosspark Zoo und Plastiken des Künstlers J. von Woyski. Am Markt Rathaus (1591/92) mit doppelläufiger Freitreppe, Barockhäuser, Postmeilensäule (1730), Sorbenbrunnen. Im Amthaus, Lessingstraße, lebte Theophilus Lessing, Onkel von G. E. Lessing, der hier als Junge mehrere Sommer verbrachte. Hübsche alte Handwerkergasse: Lange Straße.
Museen: Heimatmuseum im Schloss (di–so 10–12 u. 13–17, Okt.–März nur bis 16 Uhr). Konrad-Zuse-Computermuseum, Lausitzer Technologiezentrum (di, mi, do 9–13, fr 9–11 Uhr). Trachtenhaus Jatzwauk, Senftenberger Str. 19 (di–fr 9–13 u. 14–16 Uhr).
Aktivitäten: Diskothek, Kino; Baden (Tagebauseen, Hallenbad), Radfahren, Wandern, Reiten.
Veranstaltungen: Musikfesttage (März bis April); im Ortsteil *Bröthen* (2 km südwestl.) Country- und Truckerfest (Mai); Zoofest (Juli); Brunnenfest (Aug.); Parkfest der Weltkulturen (Sept.).
Umgebung: *Wittichenau* (5 km südl.) ist Geburtsort des Bildhauers M. W. Jäckel (1655–1738); zwei seiner Plastiken am Hochaltar der Pfarrkirche (15. Jh.), weitere u. a. an der Prager Karlsbrücke. Ausgangsort für das NSG *Dubringer Moor* mit Naturlehrpfad (1 km westl.).
ⓘ Tourist- und Stadtinformation, Schlossergasse 1, 02977 Hoyerswerda, Tel. 03571/456920.

Königsbrück ②

Kleinstadt am Fuß des Westlausitzer Berglandes. Des ›Königs Brücke‹, ein Steg über die Pulsnitz, gab der Siedlung ihren Namen (13. Jh.).
Sehenswert: Die Baderbrücke (1558) über die Pulsnitz, einst Zollstation zwischen Böhmen und dem Markgrafentum Meißen. Am Markt Renaissance- und Barockhäuser. Barocke Hauptkirche mit Epitaph der Permoser-Werkstatt. Torhaus zum einstigen Schloss (16. Jh.), heute Krankenhaus. Apothekerlusthaus (18. Jh.). Königsbrücks ältestes Gebäude ist das Café ›Weißes Roß‹ (1522). Technisches Denkmal ist der als Kurve ausgelegte stählerne Eisenbahnviadukt (1898/99). NSG *Tiefental* (1,5 km östl.) mit Wildbachcharakter der Pulsnitz.
Aktivitäten: Erlebnisbad, Wandern, Radfahren, Angeln, Reiten, Skilanglauf; Schauvorführungen in der Braun- und Bunttöpferei Frommhold, Weißbacher Str. 21.
Veranstaltungen: Blumen-/Bauernmarkt (Mai); Königsbrücker Karneval (Nov.–Febr.).
ⓘ Königsbrück-Information, Bleichweg 8, 01936 Königsbrück, Tel. 035795/42555.

Maßstab 1:200.000 — 0 2 4 6 8 10km

Kamenz ③

Stadt (17 000 Einw.) zwischen Hutberg und Schwarzer Elster. Ab 1346 Mitglied des Oberlausitzer Sechsstädtebundes. Geburtsort des Dichters G. E. Lessing.
Sehenswert: Neorenaissance-Rathaus im Stil eines venezianischen Palazzos (1842 bis 1848 nach Plänen des Schinkel-Schülers C. A. Schramm). Südlich spätklassizistische Fleischbänke, frühere Metzgerstände. Andreasbrunnen (1570), benannt nach dem Bürgermeister Andreas Günther, mit Standbild der Justitia, Stadtwappen, böhmischem und Reichswappen. Feuerhaus, Kurze Str. 6, mit Wandbild vom Stadtbrande 1707. Roter Turm (1348), Rest des ehemaligen Pulsnitzer Stadttors. Spätgotische St.-Marien-Kirche (1400–1480), im Vorraum Ruhestätte der Eltern Lessings (Mai–Okt. di–sa 10–12.30 u. 13–17, so 14–17.30, Turm di–so 14, 15 u. 16 Uhr). Die Katechismuskirche war als ehem. Wehrkirche (14. Jh.) Bestandteil der Verteidigungsanlagen, innen bemalte Holzdecke und Emporen (z. Z. nicht zugänglich). Klosterkirche St. Annen (1493–99) mit 4 Schnitzaltären (geöffnet wie St. Marien). Justkirche am Friedhof nordwestlich der Altstadt mit gotischer Gewölbemalerei (1380) böhmischer Künstler (di–sa 10 bis 12.30 Uhr); davor Postmeilensäule (1725) mit polnischem und sächsischem Wappen. Am Hutberg am südwestlichen Stadtrand steht Deutschlands ältester ›blauer Wald‹: Ab 1873 wurden hier Blaufichten, Rhododendren und Azaleen gepflanzt; auf dem Gipfel Lessingturm (1864; tgl. geöffnet).
Museen: Lessings Geburtshaus nahe St. Marien, Lessinggasse, wurde beim Stadtbrand von 1842 zerstört. Nördlich vom Markt entstand das Lessinghaus als Museum und Begegnungsstätte (di–fr 9–16 Uhr, sa/so 13–16 Uhr). Museum der Westlausitz im Ponickauhaus (1745), Pulsnitzer Str. 16, mit Geologie und Stadtgeschichte (di–fr 10–16 Uhr, sa/so 13–17 Uhr).
Aktivitäten: Stadttheater, Diskotheken; Schwimmhalle, Tennis, Reiten, Wandern, Radfahren, Kremserfahrten; *Deutschbaselitzer Großteich* (3 km nordöstl.): Surfen und Angeln.
Veranstaltungen: Lessing-Tage (Jan./Febr.); Flugplatzfest (Mai); Kulturfrühling (Juni); Open-Air-Konzerte (Mai–Sept.), Hutbergbühne (10 000 Plätze); in *Panschwitz-Kuckau* (8 km südöstl.) Johanneskirmes (Juni); Forstfest (Aug.); Nasenfest (Okt.).
Umgebung: Das Zisterzienserkloster St. Marienstern (ganzjährig zugänglich, Kirche tgl. 6–18 Uhr) in *Panschwitz-Kuckau* wurde 1248 als Hauskloster und Grablege der Grafen von Kamenz gestiftet (barocke Umbauten ab 1720). In *Räckelwitz* (8 km östl.) Malteserstift mit Kapelle im Beuroner Stil (1883). Sorbischer Wallfahrtsort *Rosenthal* (8 km nordöstl.) mit barocker Kirche und Madonnenfigur ›Mutter von der Linde‹. In *Ralbitz* (10 km nordöstl.) sorbischer Friedhof mit über 300 einheitlichen weißen Holzkreuzen.
ⓘ Kamenz-Information, Pulsnitzer Str. 11, 01917 Kamenz, Tel. 03578/7000111.

Pulsnitz ④

Kleinstadt am gleichnamigen Fluss, nahe bewaldeter Höhenzüge des Westlausitzer Berglandes. Geburtsort des Bildhauers Ernst Rietschel (1804–61), von dem das Goethe-Schiller-Denkmal in Weimar stammt.
Sehenswert: Marktensemble mit Renaissance-Rathaus, Rietschel-Denkmal, historischem Brunnen (1798/1995). In der Sakristei der Pfarrkirche St. Nikolai Rietschel-Gedächtnis-Kapelle. Schlosstor und Torhaus zu Altem Schloss (16. Jh.), Neuem Schloss (1718) und Park im englisch-französischen Stil. Perfert in der Bachstraße, seltene bäuerliche Verteidigungsanlage (1420).
Werkstätten/Museum: Blaudruckwerkstatt Thieme, Bachstr. 7 (mo–fr 8–12 u. 13–17, sa 9–12 Uhr). Töpferei Jürgel, Julius-Kühn-Platz 4. Pfefferkuchen-Schauwerkstatt, Am Markt 3 (Tel. 035955/44246), Stadtmuseum, Goethestr. 24: Leben und Werk von Ernst Rietschel, Pfefferküchler-Handwerk, Töpferei, Weberei, Blaudruck (di–mi 9–15, do 9–17, fr 9–12, 1. u. 3. So im Monat 14–17 Uhr).
Aktivitäten: Diskothek; Freibad, Angeln, Tennis, Reiten, Bootsverleih, Wandern, Radfahren.
Veranstaltungen: Brunnenfest (Mai); Nikolausfest (Anf. Dez.)
ⓘ Pulsnitz-Information, Julius-Kühn-Platz 2, 01896 Pulsnitz, Tel. 035955/44246.

Bischofswerda ⑤

Die Stadt (14 200 Einw.) gilt als westliches Tor der Oberlausitz.
Sehenswert: Klassizistisches Rathaus mit Freitreppe (1818), davor Adam-und-Eva-Brunnen im Jugendstil. Spätgotische Christuskirche mit schönen Holzemporen und barocken Grabdenkmälern. Kleiner Tierpark (1 ha) am Steinweg.
Museum: ›Bischofssitz‹ mit Bibliothek und Carl-Lohse-Galerie, Dresdener Str. 1 (do 13–18, so 14–17 Uhr).
Aktivitäten: Diskothek, Kino; Reiten, Wandern, Radfahren, Wintersport.
Veranstaltungen: Freiluftkonzerte; Karl-May-Aufführungen auf der Stadtwaldbühne (Mai–Juli); Schiebbock (Schubkarren-)Rennen (Juni); Stadtfest mit Trachten- und Schützenumzug (Juni).
Umgebung: In *Rammenau* (4 km nordwestl.) schönstes sächsisches Barockschloss (tgl. 10–18, Winter bis 16 Uhr). Konzerte im Spiegelsaal, Int. Leinentage und Leinenmarkt (Aug.).
ⓘ Stadtinformation, Altmarkt 1, 01877 Bischofswerda, Tel. 03594/786241.

Aufpolierte Eleganz: Görlitz' Straßburg-Passage mit Lichthöfen und Hallen zwischen Berliner- und Jakobstraße.

Bautzen und Görlitz: Zentren der Oberlausitz

Der westlichste Teil Niederschlesiens verblieb nach dem Zweiten Weltkrieg bei Deutschland. Wie ein Zipfel ragt er über die Lausitzer Neiße, seit 1945 deutsch-polnischer Grenzfluss. Das hiesige Autokennzeichen NOL heißt: Niederschlesischer Oberlausitzkreis. Glas und Eishockey machten Weißwasser bekannt, weiter südlich wurde die Heide- und Teichlandschaft zum Biosphärenreservat erklärt. Die herrliche Altstadt von Görlitz erwacht aus ihrem Dornröschenschlaf. Außerhalb Niederschlesiens, zu Füßen des Oberlausitzer Berglandes, blickt die sorbische Hauptstadt Bautzen auf eine tausendjährige Geschichte zurück.

△ Weißwasser galt eine Zeit lang als der wichtigste Glasproduzent: Kollektion im Glasmuseum

△ Die Fans halten ihnen die Treue: Weißwasseraner Füchse beim Heimspiel im Eisstadion

Schrotholzkirche in Sprey bei Boxberg ▽

Oberlausitzer Heide- und Teichlandschaft bei Mücka ▽

△ Per Rad oder Pedes durch die Heide- und Teichlandschaft um Rietschen

Souvenir gefällig? Keramik aus dem Erlichthof im Ort ▽

Nur ein ostdeutscher Eishockeyverein kämpft um Punkte in der 2. Bundesliga: die Weißwasseraner Füchse. Zu DDR-Zeiten holte Weißwasser 25 Mal den Landesmeistertitel, heute freut man sich über den Klassenerhalt.

Glasmetropole Weißwasser

Nach dem Entdecken reicher Quarzsand- und Braunkohlevorkommen, entstand 1873 die erste große Glashütte. Zum Ende des Ersten Weltkriegs waren 30 Glasöfen in Betrieb, Weißwasser galt als die wichtigste Glasmetropole der Welt. Begehrt waren Trinkgläser, Schalen, Kelche, Krüge und Vasen – glasklar, farbig oder geschliffen. Heute wird noch in zwei Werken Gebrauchsglas und technisches Glas produziert. Weißwasser ist eine junge Stadt. Das Rathaus stand zwar schon 1912, die Stadtrechte wurden aber erst 1935 verliehen. Ein Stadtkern fehlt. Es war nie Zeit für richtige Planung, gebraucht wurden Wohnungen: Zugewanderte Glasmacher ließen die Einwohnerzahl um 1900 erstmals explodieren.

Heide- und Teichlandschaft

Slawische Siedler stauten zwischen Hoyerswerda und Bautzen bereits im 7. Jahrhundert die ersten Teiche an. Wasserreichtum und ein ideales Geländegefälle begünstigten später den Ausbau des Teichsystems für die Karpfenzucht. Die Kulturlandschaft steht heute unter Schutz. Das einzige sächsische Biosphärenreservat ›Oberlausitzer Heide- und Teichlandschaft‹ wurde 1996 von der Unesco anerkannt. Das Gesamtgebiet umfasst 21880 Hektar, davon 240 Teiche mit 1780 Hektar Wasserfläche. Die vielfältigen Landschaftsformen bestehen aus Heide, Wasserflächen, Wäldern und Feldern und sind Heimat für bedrohte Pflanzen und Tiere. Hier leben etwa 200 Fischotter. Die drolligen Tiere besitzen kinderähnliche Eigenschaften: Sie balgen sich und toben auf selbst angelegten Rutschbahnen herum. Ältere Otter vermögen im Winter eine starke Eisschicht aufzubrechen, dabei wird gestöhnt und geschnauft. Je nach Stimmungslage können sie quieken, pfeifen, trillern, knurren

Eines der vielen schönen Zunftzeichen in Rothenburg ▽

△ Rothenburg in der Oberlausitz: Rathaus und klassizistische Kirche

Hinter Mauern: Horkas mittelalterliche Wehrkirche ▽

Quitzdorfer Stausee: größte Wasserfläche Sachsens ▽

△ Über 250 Jahre alt ist das Raschkehaus mit dem Heimatmuseum in Niesky

Frische Brise auf dem Quitzdorfer Stausee ▽

oder fauchen. Am besten lernt man das Biosphärenreservat und seine Umgebung auf dem ›Froschradweg‹ kennen. Auf den rund 260 Kilometern um Hoyerswerda über Weißwasser, Bad Muskau, Rothenburg, Niesky, Kleinsaubernitz, Neschwitz, Königswartha, Skaska-Döbra, Grüngräbchen, Bernsdorf, Wittichennau.

Fabrik als Bergbaumuseum

Nach Hoyerswerda und über ehemalige Tagebauflächen bis zum Lausitzer Bergland schweift der Blick von der Höhe der Filteranlage der früheren Brikettfabrik Knappenrode. Kurz vor dem Ersten Weltkrieg entstand mit ihrem Bau die Bergarbeiterkolonie Werminghoff, 1950 in Knappenrode umbenannt. Von 1918 bis 1993 presste man hier insgesamt 67 Millionen Tonnen Brikett. Jetzt sind die roten Backsteinbauten (Bild Seite 12/13) Industriemuseum. Die originale Technik blieb erhalten, wodurch die Brikett-Herstellung anschaulich gezeigt werden kann.
Glanzpunkt des Lausitzer Bergbaumuseums ist die Feuerstättenausstellung: Historische Ofenplatten mit verschiedenen Motiven schmücken die weiße Wand, Küchenherde, Kunstguss- und Kachelöfen sowie Zierbriketts sind zu bestaunen. Vom Vorplatz des Bergbaumuseums verkehrt am Wochenende die Lausitzer Grubenbahn. Die Schmalspurstrecke zwischen Knappenrode und Zeißholz ist 19 Kilometer lang.

Holzhäuser aus Niesky

›Museal‹ sind auch die Musterhäuser in Nieskys Raschke-, Goethe- und Blockhausstraße. In der Kleinstadt stand in den 1920er Jahren Europas größte Holzhausfabrik. Bekannt wurde sie unter dem Namen Christoph & Unmack AG. Ihr Chefarchitekt, der Deutschamerikaner Konrad Wachsmann, perfektionierte die Massenproduktion von Holzfertigbauteilen. Die Musterhäuser hinterlassen noch heute einen passablen Eindruck.
Für die Beschäftigten entstand am Südostrand sogar ein kleiner Stadtteil ganz aus Holz mit Kirchlein. Später wurde die Holzhausfabrik mit einem Metallbetrieb zusammenlegt: Seitdem sind Waggon- und Stahlbau ein Markenzeichen aus Niesky.

△ Bautzens schmucke Stadtkrone: die malerische Ortenburg über dem Spreetal

△ Stilecht mit Zinnenkranz: Bautzens Finanzamt neben dem Wendischen Turm

△ Blick vom Reichenturm in die Reichenstraße

Hauptportal des Domstifts St. Petri ▽

Hoch empor reckt sich der Turm des Bautzener Rathauses am zentralen Hauptmarkt ▽

Bautzen, eine Stadt der Türme: Michaeliskirche, Dom St. Petri und Alte Wasserkunst (v.l.n.r.) ▽

Tausendjähriges Bautzen

Ein Postkartenmotiv: die ›Stadt der Türme‹ von der Friedensbrücke oder von der Aussichtsgalerie des ›Schiefen Turms der Lausitz‹. Der Reichenturm an der östlichen Altstadtgrenze neigt sich um 1,44 Meter vom Lot. Erst 1868 wurde das deutsche Bautzen amtlich. Bis dahin trug die Stadt den sorbischen Namen Budissin. Noch heute nennen die Sorben ihre ›Hauptstadt‹ Budyšin. Hier haben ihre Kultureinrichtungen, das Sorbische National- und das Deutsch-Sorbische Volkstheater, die Domowina, der Dachverband sorbischer Vereine, der Domowina Verlag und das Sorbische Museum ihren Sitz.

Der Wandel im Stadtbild ist erstaunlich. Noch vor einem Jahrzehnt waren viele Gebäude der Altstadt vom Verfall bedroht. Die Bürger verließen die DDR in Scharen. Auch die Bautzener Gefängnisse, vor allem das aus gelben Ziegeln erbaute Zuchthaus ›Gelbes Elend‹, waren für das Image der Stadt eher abträglich. Beim heutigen Stadtbummel verliebt man sich in die Altstadt mit ihren kopfsteingepflasterten Gassen, barocken Bürgerhäusern und gemütlichen Gaststuben und Cafés.

Auf der Liste der Baudenkmäler stehen 1500 Gebäude. Auch die Alte Wasserkunst, das Wahrzeichen von Bautzen. Wenzel Röhrscheidt erbaute das fünfstöckige Wunderwerk im 16. Jahrhundert zur städtischen Wasserversorgung aus der Spree. Das Nass wurde über eine Druckleitung in das oberste Stockwerk gepumpt, von dort nahm es durch Holzröhren seinen Weg in die Altstadt.

Endlose Weihnacht

Weißenberg, auf halber Strecke zwischen Bautzen und Görlitz, besitzt das einzige europäische Pfefferküchlereimuseum. Hier riecht es das ganze Jahr über nach Anis, Zimt, Ingwer, Honig und Mandeln. Die heute zum Verkauf angebotenen Leckereien stammen allerdings aus Pulsnitz. 1937 vererbte Meister Paul Hermann Opitz, der letzte Nachkomme einer seit 300 Jahren ansässigen Pfefferküchlergeneration, seinen Besitz der Stadt. Die Geräte blieben original erhalten, die Rezepte aber nahm er mit ins Grab.

△ Barockschloss Neschwitz: Kenner schätzen die Konzerte in seinem Festsaal

Wohin nur? Irrgarten in Kleinwelka ▽

Jetzt ein See: Firstenbruch in den Königshainer Bergen bei Görlitz ▽

Das gefräßige Schnappmaul bleibt in Kleinwelka stets geöffnet ▽

Urzeit-Riesen aus Stahl und Beton im Saurierpark Kleinwelka

Seit den 1970er Jahren hatte man das Fachwerkhaus saniert. Nach Abschluss aller denkmalpflegerischen Arbeiten war die europäische Fachwelt entzückt. Das Museum wurde mit dem Europa-Nostra-Diplom für besondere Verdienste zur Pflege des Kulturerbes geehrt. Über den kleinen Innenhof gelangt man zur Ausstellung mit Pfefferkuchen aus Pulsnitz, Nürnberg, der Slowakei, Polen.

Lausitzer Jurassic-Park

›Schau‹ ist auch der Saurierpark Kleinwelka. Ende der 1970er Jahre begründete der Maler und Betonunternehmer Franz Gruß im privaten Garten die mittlerweile weithin bekannt Attraktion. Später schuf er nach wissenschaftlichen Vorlagen auch im angrenzenden Park lebensgroße Plastiken der Urtiere. Dafür begeisterte sich sogar die Fachwelt. Die Akademie der Wissenschaften der DDR verlieh Franz Gruß 1984 die Leibnitzmedaille. In der Begründung heißt es unter anderem: ›... 50 Großplastiken ..., die hinsichtlich ihrer wissenschaftlichen Wertigkeit im internationalen Maßstab zu den besten Darstellungen gehören.‹ Mittlerweile sind es über hundert.

Königshainer Berge

Das Panorama vom Aussichtsturm auf dem 392 Meter hohen Hochsteingipfel der Königshainer Berge gehört zu den attraktivsten in der Oberlausitz: Iser- und Riesengebirge scheinen zum Greifen nah, obwohl doch 50 bis 70 Kilometer entfernt. Dem Gebirgswall der Sudeten liegt Görlitz mit der Landeskrone zu Füßen. Eine Gedenkplatte erinnert an den grünen König, der per spontanem Erlass mehrere Felsen vor dem Abbau bewahrte: ›Hier stand im Juni 1844 der König von Preußen Friedrich Wilhelm IV., der Freund und Beschützer vaterländischer Naturschönheit.‹
Die Granitfelsen sind nur ein kümmerlicher Rest von einst fast hundert Felsklippen und -türmen. Gute Spaltbarkeit, Härte und Beständigkeit in Form und Farbe machten sie zu einem begehrten Gut. Mit dem Abbau der freistehenden Felsen wurde im 16. Jahrhundert begonnen. Erste Steinbrüche wurden vor etwa zweihundert Jahren aufgeschlossen. Der

Dreimal schlägt die Stunde am Rathausturm ▽

△ ›Gabeljünger‹ nennen die Görlitzer den Neptun am Untermarkt, ...

... ›Muschelminna‹ die Nymphe am Postplatz ▽

Einkaufen mit Stil: Lichthof bei Karstadt ▽

△ Blick auf Görlitz' St.-Peter-und-Paulskirche vom polnischen Neißeufer (Zgorzelec)

Leiseste Töne überträgt der Flüsterbogen ▽

Leuchtturm am Kap Arkona auf Rügen besteht aus Königshainer Granit, ebenso die Helgoländer Uferschutzmauer, das neue Fichtelberghaus, zahllose Denkmäler, Treppenstufen, Straßenpflaster und Bürgersteige. Der Abbau endete 1975.

Görlitz' Heiliges Grab

Die Neißestadt Görlitz bewahrt viele mittelalterliche Schätze. Kuriosität aber ist das Heilige Grab. Zwar zählt man allein in Deutschland fünfzehn weitere Kopien, doch die Görlitzer ist weltweit das Prunkstück: 1464 schwängerte Bürgermeistersohn Georg Emmerich die Tochter einer verfeindeten Familie. Vater Emmerich versagte seinem Sohn die Heirat, stattdessen musste dieser zur Pilgerfahrt nach Jerusalem antreten. Er brachte genaue Pläne des Heiligen Grabes mit und stiftete als Dank für die glückliche Heimkehr eine Nachbildung des Originals im maurischen Stil mit Grab-, Kreuzigungs- und Salbkapelle sowie kleinem Park. Anfang des 19. Jahrhunderts wurde das Heilige Grab in Jerusalem durch einen Brand schwer beschädigt und im Zeitgeschmack erneuert. Die Görlitzer Anlage behielt ihr Aussehen: 300 Jahre älter und authentischer als die heutige in Jerusalem.

Alter neuer Sechsstädtebund

Görlitz und Bautzen, dazu Kamenz, Zittau, Löbau und das heute in Polen liegende Lauban (Lubań) gehörten zum Oberlausitzer Sechsstädtebund. 1346 in Löbau gegründet, wurden fortan gemeinsam die Handelsstraßen vor Wegelagerern und Strauchdieben geschützt, zahlreiche ihrer Raubnester geschleift. Daneben sollte die politische Macht gegenüber dem Adel gestärkt werden. Der Landfriedensbund hatte bis 1815 Bestand. Jetzt erlebt die Allianz eine Wiedergeburt: Regionale Probleme, gemeinsame Ziele in Kunst, Kultur, Sport führen die Partner zusammen. Der Oberlausitzer Städtetourismus soll gemeinsam angekurbelt werden. Vielleicht macht eines Tages auch der gut drei Flaschen Wein fassende gläserne Sechsstädtepokal, der heute im Löbauer Stadtmuseum steht, wie einst wieder die Runde im Convent.

WEISSWASSER /O.L. BĚŁA WODA
HOYERSWERDA WOJERECY
WITTICHENAU KULOW
NIESKY NIZKA
ROTHENBURG
GÖRLITZ
ZGORZELEC
BAUTZEN BUDYŠIN
WEISSENBERG WOSPORK
KAMENZ
Königswartha
Ralbitz-Rosenthal
Panschwitz-Kuckau
Großdubrau
Göda
Bischofswerda
Elstra
Reichenbach
Königshain
Kittlitz
Muskauer Heide
Sperrgebiet
Biosphärenreservat Oberlausitzer Heide- und Teichlandschaft
56
68
82
88
108

Wo gibt es was?

Fähnchennummer = Textnummer ℹ = Auskunft

Weißwasser ①

Die Stadt (28 000 Einw.) am Nordrand der großen Muskauer Heide, an der Bahnstrecke Berlin–Görlitz, war lange Zeit eine der Glasmetropolen Europas.
Sehenswert: Klinker-Wasserturm im Bauhausstil (1930–32). NSG Urwald Weißwasser, einst Jagdgebiet derer von Muskau; Jagdschloss 1972 abgetragen. Tagebauaussichtspunkt am ehemaligen Forsthaus Eichberg (4 km südwestl.; Führung Tel. 03573/783373).
Glasmuseum, Forster Str. 12, Geschichte der Glasmetropole (mi, sa/so 14–17 Uhr).
Aktivitäten: Kino; Schwimmhalle, Freibad, Angeln, Reiten, Wandern, Radfahren, Schlittschuhlaufen (Eishalle); Waldeisenbahn Muskau nach *Kromlau* und *Bad Muskau* (nördl.); am *Halbendorfer See* (4 km nordwestl.) Bootsverleih, Segeln, Surfen.
Veranstaltungen: Neptunfest Halbendorfer See (Juli); Tierparkfest (Aug.); Bahnhofsfest der Waldeisenbahn (Sept.); in *Rietschen* (15 km südöstl.) Natur- und Fischerfest im Erlichthof (Sept.).
Umgebung: In *Boxberg-Sprey* (10 km südwestl.) Schrotholzkirche (18. Jh.), nur mit Schrotaxt behauen und ohne Metallnägel zusammengefügt. In Rietschen mehrere Schrotholzhäuser (17.–19. Jh.) und Museumsdorf Erlichthof (di–fr 8–17, so 14–16 Uhr, 2. Sa im Monat Schaubacken).
ℹ Fremdenverkehrsbüro, Schillerstr. 4, 02943 Weißwasser, Tel. 03576/207126.

Rothenburg ②

Kleinstadt an der Lausitzer Neiße an der Grenze zu Polen.
Sehenswert: Klassizistische Stadtkirche (19. Jh.), Zunftzeichen im Zentrum, Stadtpark im englischen Stil mit Rhododendron- und Azaleenbeständen.
Museum: Bauernmuseum Wilhelmshof, Feldern 5 (di u. sa 14–17 Uhr); Flugtechnisches Museum, Flugplatz (Tel. 035891/46600).
Aktivitäten: Schwimmhalle, Wandern, Radfahren, Rundflüge (Tel. 035891/470)
Veranstaltungen: Niederschlesische Flugtage (Juli); Sommerfest (Aug.); In *Zentendorf* (6 km südöstl.) Blasmusikparty (Juni) und Festival der Kulturen (Sept.).
Umgebung: Bei *Zentendorf* Kulturinsel Einsiedel, herrlicher Abenteuerspielplatz mit 25 Attraktionen (Mai–Okt. tgl. 10–20 Uhr). Bei *Horka* (7 km südwestl.) unverfälschte mittelalterliche Wehrkirche (13. Jh.).
ℹ Stadtverwaltung, Grabenstr. 116, 02929 Rothenburg, Tel. 035891/35134.

Niesky ③

Kleinstadt (12 000 Einw.), gegründet 1742 von böhmischen und mährischen Glaubensflüchtlingen als Brüdergemeine nach Vorbild der Herrnhuter.
Sehenswert: Am Zinzendorfplatz Kirche (19. Jh.) und Friedhof der Brüdergemeinschaft. Von Europas größter Holzhausfabrik in den 1920er Jahren Musterhäuser in Blockhaus-, Raschke-, Goethestraße. Wartturm (1835), Aussichtsturm so hoch wie dick (18 m) am südwestl. Stadtrand.
Museum: Heimatmuseum im Raschkehaus (1742), Zinzendorfplatz 8, mit ›Sonnenscheintreppe‹ (di–fr 9–17, so 14–17 Uhr).
Aktivitäten: Diskothek; Schwimmbad, Tennis, Angeln, Reiten, Wandern, Radfahren, Kunsteisbahn im Winter, Jagen; an der Talsperre *Quitzdorf* (3 km südwestl.), mit 716 ha Sachsens größtes Binnengewässer, Baden, Surfen, markierter Rundkurs (19 km) zum Wandern und Radfahren.
Veranstaltungen: Waldbadfest und Wartturmsingen (Juli); Sommerfest (Aug.); Herbstfest (Sept.).
ℹ Fremdenverkehrsbüro, Zinzendorfplatz 8, 02906 Niesky, Tel. 03588/25580.

Görlitz ④

Deutschlands östlichste Stadt (71 000 Einw.) an Lausitzer Neiße und dem 15. Meridian. An der mittelalterlichen Handelsstraße ›via regia‹ gelegen, beteiligt am Oberlausitzer Sechsstädtebund, blühte über Jahrhunderte das Tuchgewerbe. Zu DDR-Zeiten wurde die Altstadt dem Verfall preisgegeben; jetzt hat man die sorgfältige Instandsetzung begonnen.
Sehenswert: Perle deutscher Städtebaukunst ist der Untermarkt: Schönhof im Stil der Renaissance (1526), Rathaus mit berühmter Rathaustreppe und Verkündkanzel von Wendel Roskopf d. Ä. (1538), Standbild der Justitia (1591), Görlitzer Kaufmannshäuser mit Laubengang und Hallenhauscharakter. Leiseste Töne überträgt die ›Flüsterbogen‹-Hohlkehle am Eingangsportal Untermarkt 22. Reliefs aus Altem und Neuem Testament am Biblischen Haus (1570), Neißstr. 29; daneben Barockhaus mit bedeutender Bibliothek. St. Peter- und Paul-Kirche, größte spätgotische Hallenkirche Ostsachsens mit berühmter Sonnenorgel von E. Casparini (1703). Heiliges Grab, Steinweg, ältester symbolischer Landschaftsgarten Europas (15. Jh.). Karstadt, Kauftempel im Jugendstil mit herrlichem Lichthof. Maurisch beeinflusster Warenhauskomplex ist die Straßburg-Passage (1908) zwischen Berliner- und Jakobstraße. Auf dem Hausberg Landeskrone (420 m) Restaurant und Aussichtsturm.
Museen: Städtische Sammlungen für Geschichte und Kultur (di–so 10–17 Uhr) mit Oberlausitzischer Bibliothek der Wissenschaften (di, mi 10–13 u. 14–18, do bis 17 Uhr), Neißstr. 30; Städtische Kunstsammlungen in der Kaisertrutz, wehrhaftes Relikt der alten Stadtbefestigung, Demianiplatz 1, mit 80 Werken deutscher Malerei (Mai–Okt. di–so 10–17 Uhr); Naturkundemuseum, Annengasse (Mai–Okt. di–so 10–17 Uhr). Schlesisches Museum, Brüderstr. 8 (di–so 10–17 Uhr).
Aktivitäten: Theater, Kino, Planetarium; Freibad, Tennis, Reiten, Wandern, Radfahren, Rundflüge.
Veranstaltungen: Konzerte; Landskron-Jazztage (Mai); Görlitzer Flugtage (Mai); Schlesische Musikfeste (Juni); Int. Straßentheaterfestival (Juli); Altstadtfest (Sept.); Bachwoche (Okt.); Touristikbörse (Nov.).
ℹ Görlitzinformation, Obermarkt 29, 02826 Görlitz, Tel. 03581/47570.

Bautzen ⑤

Die tausendjährige Stadt (46 000 Einw.) über dem Spreetal nahe des Oberlausitzer Berglands war Mitglied im Oberlausitzer Sechsstädtebund.
Sehenswert: Dom St. Petri (13./14. Jh.), Simultankirche mit protestantischem und katholischem Kirchenraum. Barockes Rathaus (1729–32) mit drei Zeitmessern am Uhrturm. Barockhäuser in der Reichenstraße, der Flaniermeile der Stadt. Reichenturm (1490), ›Schiefer Turm der Lausitz‹ (April–Okt. tgl. 10–17 Uhr).
Ältester Stadtteil ist die Burgstadt mit der Ortenburg (1483–86), Zugang u. a. durch den Matthiasturm. Nikolaiturm (1400), ehem. Nikolaikirche (seit 1634 Ruine) und Friedhof. Aussichtsreicher Spaziergang vom Mühltor über Reymann- und Osterweg um die äußere Befestigung der Ortenburg. Dominanten im Stadtbild sind Alte Wasserkunst (1558) und Michaeliskirche (15. Jh.).
Museen: Sorbisches Museum, Ortenburg 3 (Nov. 2000–voraussichtlich 2002 im Kloster Marienstern in Panschwitz-Kuckau); Stadtmuseum, Kornmarkt 1, Regionalgeschichte, Gemäldegalerie, Graphisches Kabinett (mi–so 10–17 Uhr); Technisches Museum Alte Wasserkunst, Wendischer Kirchhof 7, mit Aussichtsplattform (April bis Okt. tgl. 10–17 Uhr); Domschatzkammer, An der Petrikirche 6 (mo–fr 10–12 u. 13–16 Uhr); Gedenkstätte in den Gefängnissen Bautzen I und II, Weigangstr. 8a (mo–fr 10–16 Uhr).
Aktivitäten: Theater, Kino, Diskothek, Sternwarte; Baden, Surfen, Segeln an der Talsperre Bautzen; Wandern, Radfahren, Reiten, Töpferkurse.
Veranstaltungen: Konzerte; Ostereiermarkt (März); Jugendmusiktage (April); Stadtfest (Mai); Theatersommer (Juli); Int. Bautzener Stadtlauf (Juli); Lausitzer Musiksommer (Juli); Herbstsingen (Okt.).
Umgebung: *Kleinwelka* (5 km nordwestl.) mit Saurierpark, Irrgarten, Miniaturenpark (tgl. 9–18 Uhr). Stattlicher Barock: Schloss (1723) und Park *Neschwitz* (13 km nordwestl.). In *Knappenrode* (27 km nördl.) Bergbaumuseum (sa/so 10–17 Uhr). In *Weißenberg* (15 km östl.) Pfefferküchlerei-Museum (di–fr 8–12 u. 13–16, sa/so 13–17 Uhr).
ℹ Touristinformation, Hauptmarkt 1, 02625 Bautzen, Tel. 03591/42016.

Maßstab 1:200.000
0 2 4 6 8 10 km

Blick auf die Nonnenfelsen vom Aussichtspunkt an der ›Orgel‹ in den Mühlsteinbrüchen des Zittauer Gebirges.

Vom Oberland ins Zittauer Gebirge

Das ostsächsische Oberland, wie es die Einheimischen nennen, ist ein beliebtes Wanderziel, vor allem wegen der sanften Hügel. Bizarre Felsen türmen sich im Zittauer Gebirge auf. Beides erschließt auf 112 Kilometer Länge der Oberlausitzer Bergweg. Dabei erscheinen die Dörfer mit ihren charakteristischen Umgebindehäusern wie ein großes Freilichtmuseum. Von Herrnhut zogen ab 1732 die ›Böhmischen Brüder‹ in die Welt, um Gottes Lehre zu verbreiten. Ob sich Ostritz-St. Marienthal als energiepolitische Modellstadt international einen Namen macht, wird die Zukunft zeigen.

△ Im Oberlausitzer Bergland: Czorneboh-Gipfel mit Berggasthof und Aussichtsturm

△ Geologische Sehenswürdigkeit: ›Teufelswaschbecken‹ am Czorneboh

△ Imposanter Barock: Löbaus Rathaus … … und die Dorfkirche von Cunewalde mit 3000 Plätzen ▽

Löbaus berühmter gusseiserner Aussichtsturm

Hier rrrrrollt das R. Würde man den Oberlausitzern ihre Berge und die vielen typischen Umgebindehäuser stibitzen, bliebe ihnen noch immer ihre unverwechselbare Mundart. Die freundlichen Oberlausitzer meinen: ›Kummt oack amoal harr!‹ Kommt doch einmal her! Ins Dreiländereck Deutschland, Polen und Tschechien.

Weite Blicke von Löbaus Turm

Löbau besitzt eine Attraktion besonderer Art: einen Aussichtsturm aus zirka 1000 gusseisernen Einzelteilen. Auftraggeber des filigranen Baus war der Löbauer Bäckermeister Friedrich August Bretschneider, und er widmete ihn 1854 dem sächsischen König Friedrich August. Glück hat es beiden nicht gebracht. Der Bäckermeister wurde zum Schuldner, der König verunglückte tödlich und hat ›seinen‹ Turm nie gesehen. ›Je weiter der Blick, desto freier das Herz‹ war das Motto bei der feierlichen Einweihung.
Dem kann man auch heute noch zustimmen: Die Aussicht reicht weit ins sächsisch-schlesische Land. Die Grenzgipfel Hochwald (749 Meter) und Lausche (792 Meter) sind deutlich zu sehen, auch die Bergzüge Czorneboh und Bieleboh, die Königshainer Berge, die Landeskrone bei Görlitz. Von der dritten Plattform des 28 Meter hohen Turms blickt man auch auf die Löbauer Altstadt im Tal. Der Stadtname ist slawischen Ursprungs: Lubij, die Liebliche.

Herrnhuter Brüdergemeine

Herrnhut kennt man auf dem ganzen Erdball. In dem Städtchen werden alljährlich die Losungstexte für jeden Tag gezogen, das evangelische Andachtsbüchlein erscheint in 46 Sprachen. Herrnhut ist Ursprungsort der global orientierten Brüder-Unität. 1722 fanden die verfolgten ›Böhmischen Brüder‹ in Sachsen politisches Asyl und gründeten auf Ländereien von Nikolaus Ludwig Reichsgraf von Zinzendorf mitten im Wald eine neue Siedlung. Der Name Herrnhut entstand, weil sich die Glaubensflüchtlinge absichtlich ›unter des Herren Hut‹ begaben.
Anfangs vergiftete ein Religionsstreit zwischen Einheimischen, zugezoge-

△ Umgebindehäuser klein, schön und alt: das Schunkelhaus in Obercunnersdorf und das Reiterhaus von Neusalza-Spremberg ▽

Gedenkt eines Streits: Bierzug zwischen Eibau und Walddorf ▽

Funktionstüchtige Bockwindmühle bei Kottmarsdorf ▽

△ *Herausragend: Schirgiswaldes Pfarrkirche im böhmischen Landbarock* *Blick vom Butterberg auf das beschauliche Waltersdorf* ▽

nen Christen und böhmisch-mährischen Aussiedlern die Atmosphäre. Der Reichsgraf lud die Verstrittenen zum gemeinsamen Abendmahl ein. Der 13. August 1727 wurde ein glücklicher Tag, ausgesöhnt fand man zusammen. Jetzt wollten die Herrnhuter Gottes Lehre nicht mehr nur predigen, sondern mit Leben erfüllen: Seit 1732 zogen die Missionare in alle Welt. Noch heute wird der 13. August als Festtag begangen. Inzwischen zählt die Schar der Anhänger 620 000 Mitstreiter, die meisten leben in Afrika und der Karibik. Viele exotische Ausstellungsstücke des Herrnhuter Völkerkundemuseums sind Mitbringsel der Missionare.

›Freilichtmuseum‹ Oberlausitz

Zusammen mit benachbarten Dörfern in Nordböhmen und Niederschlesien könnte man die Oberlausitz als größtes bewohntes Freilichtmuseum Europas bezeichnen. Dank der vielerorts bewahrten historischen Volksarchitektur: den Umgebindehäusern. Deren spezielle Stützkonstruktion vereint die Vorzüge dreier Hausbautechniken: Block-, Fachwerk- und Mauerbau.
Der Vorteil des Blockhauses liegt in der Wärmedämmung. Durch Fachwerk sparte man Holz. Massivbauweise mittels Mauerwerk im Flur- oder Stallbereich vermied Feuchtigkeitsschäden. Die Blockstube wurde als selbstständiger Teil in ein Fachwerkhaus integriert. Weitere Etagen und das Dach stellte man auf das Umgebinde, welches die gesamte Last auf das Fundament übertrug. Der umlaufende Balken, der die senkrechten Stützen und das Mauerwerk als Umgebinderahmen vereint, gab den Bauten schließlich ihren Namen. Besonders Leineweber erkannten deren Vorzüge: Die Blockstube schuf ein ausgleichendes Raumklima ohne größere Temperaturschwankungen, was der Qualität der Leinwand zugute kam. Blickfang sind die oft schön verzierten Türfassungen aus Sandstein oder Granit.

Energieökologische Modellstadt

1999 mit dem Europäischen Solarpreis ausgezeichnet und Projekt der Expo 2000 ist Ostritz-St. Marienthal. Bis dato war die energieökologische Modellstadt durch ihr

△ Barocker Prachtbau: Kloster St. Marienthal bei Ostritz

Zittau: klassizistische Johanniskirche, ... ▽

... kostbare Kanzel aus dem 17. Jahrhundert in der ehemaligen Klosterkirche ▽

△ Ein Hauch Italien: Zittaus historisierendes Rathaus

Webkunst im Damast- und Frottiermuseum Großschönau ▽

1234 gegründetes, im 17./18. Jahrhundert im böhmischen Barock verändertes Zisterzienserinnenkloster bekannt. Und – wie die gesamte Region an der deutsch-polnischen Grenze – über viele Jahrzehnte von Braunkohletagebau und qualmenden Kraftwerksschloten geprägt. Kein Betrieb hat die Wende überlebt.
Heute nutzen die 3500 Einwohner fast hundertprozentig Strom und Wärme aus regenerativen Energiequellen vor Ort. Eine in Deutschland bisher vorbildliche und einmalige Situation. Ein Rundwanderweg führt zu allen Stationen: Biomasse-Heizkraftwerk, Windräder, Schausägewerk und Erlebnisbereich ›Energie‹, Sonnenenergie- und Regenwassernutzung sowie Pflanzenkläranlage.

Zittau: Schönste Aussicht

Täglich fünf Minuten vor zwölf und sechs Uhr abends erklingt über den Dächern von Zittau ein Trompetensolo. Seit 1996 verrichtet Reinhard Rokitte seinen Dienst auf St. Johannis. Er ist Mitglied in der Zunft europäischer Nachtwächter und Türmer. Jährlich erklimmen über zehntausend Besucher die 266 Stufen zur Aussichtsgalerie von St. Johannis, um die Aussicht über die Neißestadt im Dreiländereck Deutschland-Polen-Tschechien zu genießen.
Die Johanniskirche hatte zwei Vorgänger: Nach dem Stadtbrand von 1756 wurde sie erst im 19. Jahrhundert nach Plänen Karl Friedrich Schinkels im klassizistischen Stil wieder aufgebaut. Dabei senkte und neigte sich der Südturm, so kam auch Zittau zu einem schiefen Turm.

Wie ein Bienenkorb: Oybin

Von Zittau ins nur wenige Kilometer südliche Zittauer Gebirge, nach Jonsdorf und Oybin, dampft eine Schmalspurbahn. Seit Dezember 1996 gehört sie der SOEG, der Sächsisch-Oberlausitzer Eisenbahngesellschaft mbH, was an ihrer beschaulichen Geschwindigkeit jedoch nichts geändert hat.
Von weitem erinnert das Sandstein-Massiv des Oybin, das den gleichnamigen Ort prägt, an einen Bienenkorb. Zu den Attraktionen auf dem Gipfel zählt die Camera obscura. Die ›Kamera ohne Film‹ lässt Besucher

△ Bis nach Böhmen reicht der Blick von der Terrasse des Gasthauses auf dem Oybin

△ Die Treppen hinauf zum Oybin führen an der Bergkirche vorbei, ... ein Kleinod außen wie innen ▽

△ ›Mönchszüge im Fackelschein‹ auf dem Oybin sind ein Touristenmagnet

△ Zittauer Gebirge: Miniatur der Sächsischen Schweiz

›Orgel‹ aus Säulensandstein nahe der Jonsdorfer Mühlsteinbrüche ▽

die Umgebung auf ganz besondere Art in Augenschein nehmen. Hauptziel aber ist die naturgebundene Burg- und Klosteranlage. Obwohl 1577 durch Blitzschlag zerstört, ist sie das bekannteste Natur- und Baudenkmal der Oberlausitz. Wohl schon zur Bronzezeit besiedelt, begann mit der Herrschaft des böhmischen Königs Karl IV. Oybins Glanzzeit: Der Regent ließ die Burg prächtig ausbauen und stiftete ein Cölestinerkloster. Damit die romantischen Ruinen für alle zugänglich werden, soll jetzt ein Personenlift gebaut werden.

Mühlsteine aus Jonsdorf

Jonsdorf im Nachbartal kam im 19. Jahrhundert zu internationaler Berühmtheit, als die gebrochenen Mühlsteine des kleinen Gebirgsortes ein begehrtes Exportgut waren. Der Vulkanismus im Tertiär erzeugte heiße Gase, die mit hohem Druck den Zustand des Sandsteines veränderten. Durch das Schmelzen und Anlagern von Quarzkörnern und das Ausblasen von flüchtigen Bestandteilen wurde das Gestein hart und porös. Erst während des Ersten Weltkriegs stellte man den Abbau endgültig ein. Heute streifen geologisch Interessierte auf gut beschilderten Wegen durch die ehemaligen Mühlsteinbrüche südlich des Ortes, vorbei an Klingsteingängen, einstigen Lavaschloten und zwei ›Orgeln‹ aus Säulensandstein.

›Königin der Lausitz‹

Vom Waltersdorfer Pass dauert der Aufstieg zur ›Königin der Lausitz‹ eine dreiviertel Stunde. Mit ihren 792 Metern ist die Lausche der höchste deutsche Berg östlich der Elbe. Die Kuppen des Lausitzer Gebirges und des Böhmischen Mittelgebirges, die Höhenzüge des Isergebirges und das lang gestreckte Waltersdorf bieten vom Gipfel eine großartige Ansicht. Auf der Lausche verläuft die Grenze zu Böhmen. Der Berggasthof brannte 1946 ab. Glaubt man den Erzählungen, war eine Liebschaft daran Schuld: Versprochene Brautleute aus Böhmen und Sachsen konnten durch die plötzlich undurchlässig gewordene Grenze nicht mehr zueinander finden. Aus Verzweiflung legten sie das Feuer.

GÖRLITZ
ZGORZELEC
BAUTZEN
BUDYŠIN
LÖBAU
ZITTAU
REICHENBACH
HERRNHUT
OSTRITZ
BERNSTADT
BOGATYNIA
EBERSBACH
NEUGERSDORF
VARNSDORF
RUMBURK
SEIFHENNERSDORF
NEUSALZA-SPREMBERG
SCHIRGISWALDE
WILTHEN
NEUKIRCH
NEUSTADT
SEBNITZ
BAD SCHANDAU
BISCHOFSWERDA
Cunewalde
Sohland a.d. Spree
Oppach
Großschönau
Waltersdorf
Oderwitz
Kurort Oybin
Kurort Jonsdorf
Hrádek n. Nisou
Mikulášovice
Šluknov
Krásná Lípa
Chřibská
LAUSITZER BERGLAND
ZITTAUER GEBIRGE
Sächsische Schweiz

Wo gibt es was?

Fähnchennummer = Textnummer ℹ = Auskunft

Löbau ①

Der geographische Mittelpunkt der Oberlausitz (17 500 Einw.) ist Gründungsort des Oberlausitzer Sechsstädtebundes (1346). Seit 1859 entstehen hier August-Förster-Pianos, heute jährl. ca. 90 Flügel und 150 Klaviere (Besichtigung Löbau-Information).
Sehenswert: Barockes Rathaus (1711), Stadtkirche St. Nikolai (13./14.Jh.), 3 Postmeilensäulen mit Wappen des sächsischen Kurfürsten August des Starken und polnischen Königs. Schminke-Villa (1933, Scharoun), Kirschallee. Auf dem *Löbauer Berg* (1 km östl.) gusseiserner Aussichtsturm (Mai–Sept. mo–fr 9–20, sa/so 9–22, Okt. bis April mo–fr 10–18, sa/so 10–22 Uhr).
Museen: Oberlausitzer Sechsstädte- und Handwerksmuseum, Johannisstr. 5 (di–fr 10–17, sa/so 14–17 Uhr). Werners Gartenbahn, Lauchaer Weg 1, historischer Feldbahnbetrieb (sa 13–16, so 10–17 Uhr).
Aktivitäten: Brauerei, Weststraße (Tel. 03585/470), Diskotheken; Freibad, Tennis, Reiten, Wandern, Radfahren, Wintersport.
Veranstaltungen: Orgelkonzerte; Historische Ratsaktenlesung (jeden 4. Sa im Monat); Museumsfest (Mai); Turmfest (Aug.); Stadtfest (Sept.); Weihnachtsmarkt mit Turmblasen; Weihnachtskonzerte (Dez.).
Umgebung: Schlichte Barockbauten bilden *Herrnhuts* (10 km südöstl.) historisches Zentrum; Lindenallee zum alten Friedhof mit Hunderten Missionarsgräbern (ab 18. Jh.); Ausblick vom Altan (Schlüssel im Heimatmuseum) auf dem Hutberg; Heimatmuseum, Comeniusstr. 6 (di–fr 9–17, sa/so 9–12 u. 14–17 Uhr); Völkerkundemuseum, Goethestr. 1 (di–fr 9–17, sa/so 9–12 u. 13.30–17 Uhr). In *Kottmarsdorf* (7 km südwestl.) Bockwindmühle (1843), am Kottmar Spreequelle. In *Obercunnersdorf* (5 km südl.) 262 Umgebindehäuser.
ℹ Löbau-Information, Altmarkt 1,
02708 Löbau, Tel. 03585/450450.

Schirgiswalde ②

Kleinstadt am Spree-Oberlauf.
Geschichte: 1809–1845 Republik Schirgiswalde: Der Stadtstaat entstand, weil sich Österreich-Ungarn und Sachsen nach dem Frieden von Schönbrunn nicht auf ein Übergabeprotokoll einigten. Nach Anschluss an Sachsen (1845) blieb die Kirche bis 1894 dem böhmischen Bistum Leitmeritz unterstellt und bis heute katholisch.
Sehenswert: Altes Rathaus (1820) am Obermarkt, vorgesehen als Regierungssitz, daneben zwei Laubenhäuser (17. Jh.). Ehem. domstiftliches Herrenhaus mit handbedruckten Bildtapeten (19. Jh.). Barocke Pfarrkirche (1739–41). Im Stadtteil *Neuschirgiswalde* viele Umgebindehäuser.
Veranstaltungen: Faschingsumzug (Febr.); Apfelfest (Okt.); Nikolausmarkt mit Krippenausstellung in der kath. Kirche (Dez.).
Aktivitäten: Tennis, Radfahren, Wandern (Obstbaumlehrpfad); Freizeit- und Gesundheitsbad Körsetherme in *Kirschau* (2 km nördl.); Erlebnisbäder in *Cunewalde* (6 km nordöstl.), *Taubenheim* (4 km südöstl.), *Neusalza-Spremberg* (8 km südöstl.); Reiten in *Weifa* (4 km westl.) und *Neukirch* (9 km westl.); Wintersport.
Umgebung: In Cunewalde mit schöner Barockkirche erinnert das Polenz-Museum (sa/so 9–12 Uhr) an den gleichnamigen Dichter (1861–1903). Taubenheim hat 17 Sonnenuhren. Neusalza-Sprembergs Reiterhaus (Umgebindehaus; Mitte 17. Jh.) ist jetzt Museum mit Handwerkerschau (Mai bis Okt. di–so 9–11 u. 14–16, sa/so 14–16 Uhr). Traditionsreich ist die Weinbrennerei (Besichtigung Tel. 03592/3840) in *Wilthen* (3 km nordwestl.); eine Produktionshalle ziert ein 300 qm großes Wandbild mit sorbische Sagengestalten. Die ev. Dorfkirche von *Crostau* (2 km nordöstl.) besitzt eine Silbermann-Orgel (1732; Sommerkonzerte). Das Wahrzeichen von *Sohland/Spree* (3 km südl.), bestehend aus 15 Ortsteilen, ist die Himmelsbrücke (1796); im ältesten Umgebindehaus alte Webstube (so 15–18 Uhr).
ℹ Touristeninformation, Sohlander Str. 3a,
02681 Schirgiswalde, Tel. 03592/34897.

Neugersdorf ③

Spreequellstadt. Florierende Webkunst ab Mitte 17. Jh., seit Anfang 20. Jh. bedeutende Bekleidungsindustrie.
Sehenswert: Viele Umgebindehäuser, Barockkirche (1738) mit Rokoko-Schnitzaltar. Vom Bismarckturm Blick auf Neugersdorf und Schluckenauer Zipfel in Böhmen.
Heimatmuseum, Goethestr. 2 (mo, di 14–17, do 9–12, so 10–12 u. 14–17 Uhr).
Veranstaltungen: Jacobimarkt, größtes Volksfest der Oberlausitz (Juli); Bierzug von *Eibau* (3 km östl.) ins benachbarte *Walddorf* (1. Juli-Wochenende).
Aktivitäten: Freibad, Wandern, Radfahren, Wintersport.
Umgebung: Herrschaftliches Haus eines Leinwandhändlers war der Faktorenhof in Eibau. Im Heimat- u. Humboldtmuseum auf dem Beckenberg Fauna, Flora, Kuriositäten (do–di). In *Oberoderwitz* (6 km östl.) 3 Bockwindmühlen u. Sommerrodelbahn.
ℹ Stadtverwaltung, Hauptstr. 39–41,
02727 Neugersdorf, Tel. 03586/780823.

Zittau ④

Stadt (29 000 Einw.) an der Lausitzer Neiße im sächsisch-schlesisch-böhmischen Dreiländereck. Im Oberlausitzer Sechsstädtebund mit Beinamen ›die Reiche‹.
Sehenswürdigkeiten der Altstadt erschließt der ›Zittauer Kulturpfad‹: Johanniskirche (1834–37 Umbau nach Plänen K.F. Schinkels); innen 800-teilige Kassettendecke (Turmbesteigung möglich). Historisches Rathaus (1840–45), Barockhäuser, Rolandbrunnen am Markt. Ehem. Franziskanerkloster mit heutiger Petri-Pauli-Kirche (1480), Heffter-Bau mit prächtigem Nordgiebel (1662) und Resten des Kreuzgangs (siehe Museen). In der Neustadt Marstall (1511), davor 3 Brunnen (17./18. Jh.). Anstelle der Stadtbefestigung entstand der Grüne Ring, ein Park mit Blumenuhr (1908) und Meißner Porzellanglockenspiel (1966).
Museen: Kreuzkirche, Frauenstr. 23, mit Großem Zittauer Fastentuch (1472; 6,8 mal 8,20 m), mit 90 Motiven aus Altem und Neuem Testament (di–so 10–17 Uhr). Kulturhistorisches Museum und Freilichtmuseum Klosterhof, Klosterstr. 3 (di–so 10–12 u. 13–17 Uhr). Museum für Naturkunde des Zittauer Landes ›Dr.-Curt-Heinke‹, Kirchstr. 17, Geologieausstellung der südlichen Oberlausitz (di–so 10–17 Uhr).
Veranstaltungen: Altstadt-Nachtspaziergänge bei Fackelschein; Zittauer Gebirgslauf (April); Zittauer Kultursommer (Mai bis Sept.); Klosterfest (Juni); Stadtfest (Juli).
Aktivitäten: Theater, Kino; Erlebnisbad *Olbersdorf* (4 km südwestl.); Wandern, Klettern, Wintersport im *Zittauer Gebirge* (7 km südl.; Schmalspurbahn).
Umgebung: Bei *Ostritz* (13 km nordöstl.) Zisterzienserinnenkloster St. Marienthal (1234 gegründet, im 17./18. Jh. im böhmischen Barock verändert). Tourismuszentren des Zittauer Gebirges sind die Kurorte *Lückendorf, Jonsdorf, Oybin*; auf dem Berg Oybin Freilichtmuseum Burg- und Klosteranlage (tgl. 9–18, Okt.–April bis 16 Uhr), Camera obscura (Sommer tgl. 10–18 Uhr).
ℹ Tourist-Information, Markt 1,
02763 Zittau, Tel. 03583/752137.

Großschönau ⑤

Kleinstadt an der Mandau. Im 18. Jh. bedeutender Damasthersteller, jetzt Deutschlands modernste Frottierweberei.
Sehenswert: Malerische Umgebindehäuser am Mandauufer.
Museen: Deutsches Damast- und Frottiermuseum, Schenaustr. 3, in früherer Manufaktur (1807), Damast aus 3 Jahrhunderten, Damastzugwebstuhl, Schauwerkstatt mit 27 Textilmaschinen (di–so 10–12 u. 14–17, Nov.–April di–fr 10–12 u. 13–16, 1. u. 3. Wochenende im Monat 13–16 Uhr). Motorrad-Veteranen-Museum, David-Goldberg-Str. 27 (April–Okt. di–fr 10–12 u. 13–15, sa/so 10–12 u. 13–17 Uhr).
Veranstaltungen: Großschönauer Schiss'n und Strandfest (Juli); Oktoberfest.
Aktivitäten: Waldbad, Tennis, Gesundheitsurlaub im Trixi-Park; Wandern, Klettern, Wintersport im *Zittauer Gebirge* (5 km südl.).
Umgebung: *Waltersdorf* (2 km südl.) mit 200 Umgebindehäusern, barocker Dorfkirche (1729), Volkskunde- und Mühlenmuseum, Dorfstr. 89 (di–sa 10–12 u. 13.30–16.30, so 13.30–16.30 Uhr).
ℹ Fremdenverkehrsamt, Hauptstr. 54,
02779 Großschönau, Tel. 035841/31036.

Maßstab 1:200.000 — 0 2 4 6 8 10km

Touristik-Informationen

Adressen

Überregional: Tourismus-Marketing Brandenburg GmbH,Schlaazweg 1, 14473 Potsdam, Tel. 0331/2987320, Fax 2987328, E-Mail: hotline@tmb-brandenburg.de. Landesfremdenverkehrsverband Sachsen e.V., Friedrichstr. 24, 01067 Dresden, Tel. 0351/491700, Fax 4969306.
Regional: Tourismusverband Märkisch-Oderland, Küstriner Str. 67, 15301 Seelow, Tel. 03346/150700, Fax 150911; Tourismusverband Oder-Spree-Seengebiet, Berliner Str. 30, 15848 Beeskow, Tel. 03366/253300, Fax 253322; Tourismusverband Spreewald e.V., Lindenstr. 1, 03226 Raddusch, Tel. 035433/72299, Fax 72228; Tourismusverband Elbe-Elster-Land e.V., Markt 16, 04924 Bad Liebenwerda, Tel./Fax 035341/30652; Tourismusverband Niederlausitz e.V., Schloßbezirk 3, 03130 Spremberg, Tel. 03563/602340, Fax 602342; Tourismusverband Oberlausitz-Niederschlesien e.V., Bahnhofstr. 14, 02625 Bautzen, Tel. 03591/48770, Fax 487748, E-Mail: kuehn@imedia.de

Bahnfahren

Die Region hat ein dichtes Regionalverkehrsnetz der DB. Busse fahren nicht so häufig, noch seltener am Wochenende. Daneben gibt's Schmalspurbahnen mit festem Fahrplan: Cottbus (Parkeisenbahn, Tel. 0355/75617-11), Görlitz (Parkeisenbahn, Tel. 03581/407090), Knappenrode (Lausitzer Grubenbahn, Tel. 03571/678092), Löbau (Werners Gartenbahn, Tel. 03585/405110), Weißwasser (Waldeisenbahn nach Kromlau, Bad Muskau, Tel. 03576/207472), Zittau (Schmalspurbahn Zittauer Gebirge, Tel. 03583/64456). Dampfloksonderfahrten: Ostsächsische Eisenbahnfreunde e.V. Bautzen, Maschinenhausstr. 2, 02708 Löbau, Tel. 03585/9378 und Lausitzer Dampflok Club, Am Stellwerk 552, 03185 Neuendorf, Tel. 0172/7938836.

Camping

In Südostbrandenburg und Ostsachsen gibt es viele schöne Plätze, manche ganzjährig geöffnet. Adressen und Beschreibungen im jährlich aktualisierten ›Camping in Berlin und Brandenburg‹ (Tourismus-Marketing Brandenburg) und in der Broschüre ›Camping in der Oberlausitz‹ (Tourismusverband Oberlausitz-Niederschlesien).

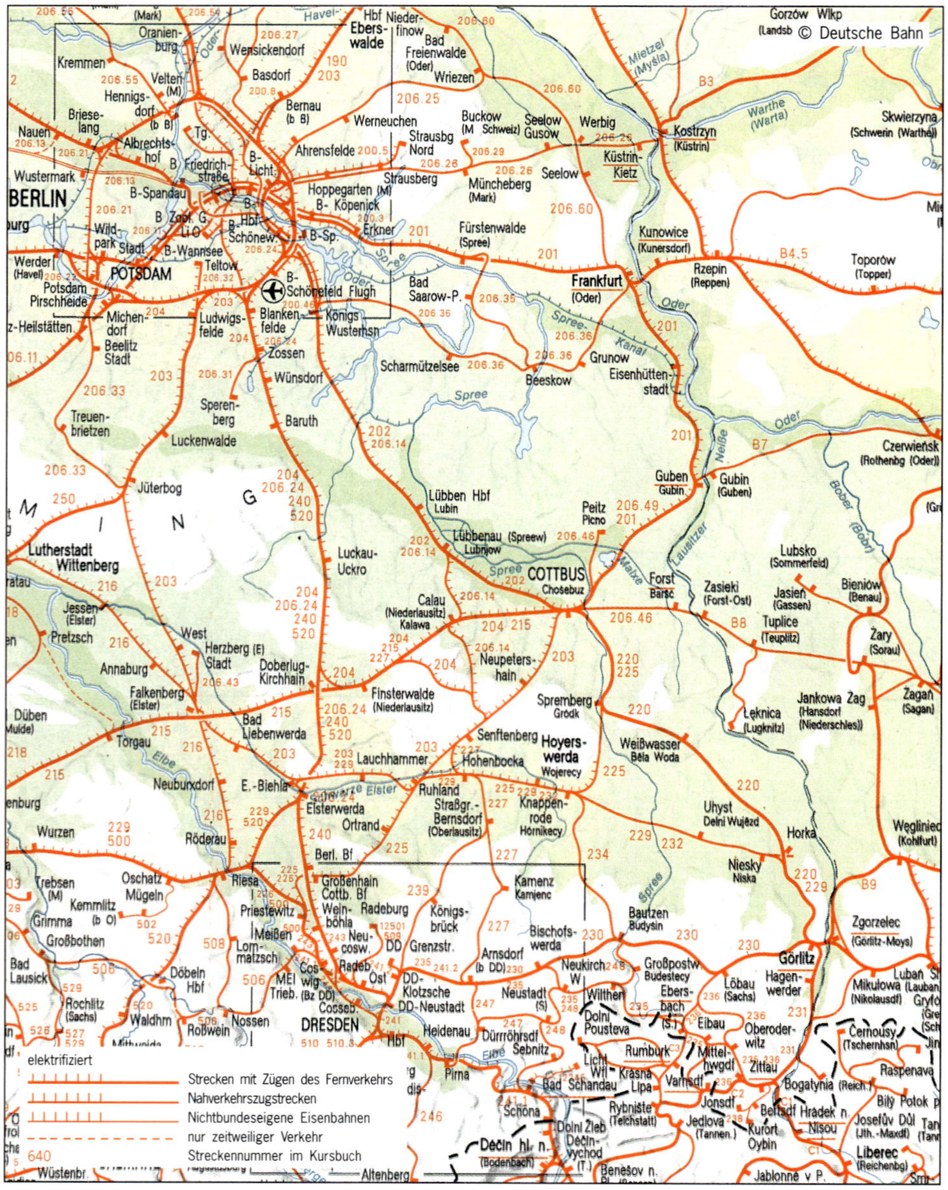

Essen und Trinken

Die Lausitz ist Heimat vieler deftiger und herzhafter Gerichte. Über die Grenzen des Spreewalds hinaus bekannt sind Quark mit Pellkartoffeln und Leinöl, Grützwurst mit Sauerkraut, Spreewaldgurken. Schmackhaft sind auch Sorbische Hochzeitssuppe, Calauer Hasenbraten, Spreewälder Meerrettichlende, Rinderbrust ›Spreewälder Art‹, Oberlausitzer Kartoffelsuppe sowie das ›Schlesische Himmelreich‹ (gedünstete Schweinefiletscheiben mit Kassler und Schweinebauch, Backobst und Klößen) in der Gegend um Görlitz. Die besten Biere kommen aus Neuzelle, Drebkau, Görlitz, Löbau und Eibau. Kräuterliköre werden im Spreewald, ›Spreewaldbitter‹, sowie in Wilthen im Oberlausitzer Bergland, ›Gebirgskräuterlikör‹, produziert. Aus Wilthen kommt auch ein bekannter Weinbrand.

Großschutzgebiete

Brandenburg: Biosphärenreservat Spreewald (474 qkm), Besucher- und Informationszentrum, Schulstr. 9, 03222 Lübbenau, Tel. 03542/89210. Naturpark Märkische Schweiz (204 qkm), Naturparkverwaltung, Eberswalder Chaussee 6, 15377 Waldsieversdorf, Tel. 033433/474. Naturpark Niederlausitzer Heidelandschaft (490 qkm), Naturparkverwaltung, Markt 20, 04924 Bad Liebenwerda, Tel. 035341/6150. Naturpark Schlaubetal (225 qkm), Naturschutzstation Wirchensee, 15898 Treppeln, Tel. 033673/422. Naturpark Niederlausitzer Landrücken (580 qkm), Naturparkverwaltung, Naturschutzstation Wanninchen, 15926 Görlsdorf, Tel. 03544/4243. Naturpark Dahme-Heideseen (594 qkm), Dorf 8, 15752 Prieros, Tel. 033768/9690. **Sachsen:** Biosphärenreservat Oberlausitzer Heide- und Teichlandschaft (264 qkm), Am Sportplatz 231, 02906 Mücka, Tel. 035893/6060.

Jugendherbergen

Auswahl: Bad Freienwalde (Tel. 03344/3875); Bad Saarow-Pieskow (Tel. 033631/2664); Bautzen (Tel. 03591/40347); Buckow (Tel. 033433/286); Burg/Spreewald (Tel. 035603/225); Cottbus (Tel. 0355/22558); Görlitz (Tel. 03581/406510); Groß-Köris (Tel. 033766/62730); Köthen (Tel. 033765/80555); Kurort Jonsdorf (Tel. 035844/72130); Lübben (Tel. 03546/3046); Neschwitz (Tel. 035933/30040); Oberoderwitz (Tel. 035842/26544); Ohorn (Tel. 035955/72762); Panschwitz-Kuckau (Tel. 035796/96963).

weiter auf Seite 112

Ausgewählte Hotels und Restaurants

HOTELS

Erholsam und ruhig gelegen

Palais Am See Garni
Karl-Marx-Damm 23, 15526 Bad Saarow-Pieskow-Mitte, Tel. 033631/8610, Fax 033631/86186
12 Zimmer, EZ 85–100, DZ 130–140 Euro
Whirlpool, Sauna, Solarium, Beautyfarm, Fahrrad- und Bootsverleih, Reitmöglichkeit

Seehotel Garni
Willischzaweg 4, 03096 Burg (Spreewald)/Kauper
Tel. 035603/650, Fax 035603/65250
35 Zimmer, 1 Appartement, EZ 47–65, DZ 65–85 Euro, Fahrrad- und Bootsverleih

Waldhotel Eiche
Eicheweg 1, 03096 Burg (Spreewald)/Kauper
Tel. 035603/67000, Fax 035603/67222
54 Zimmer, 8 Suiten, EZ 40–60, DZ 60–100 Euro, Sauna, Solarium, Fahrrad- und Bootsverleih, Reitmöglichkeit

Landhotel Zur guten Einkehr
Techritzer Str. 2, 02692 Grubschütz
Tel. 03591/303930, Fax 03591/303919
10 Doppelzimmer, 43–105 Euro
Schöner Wanderweg im Spreetal nach Bautzen

Spreewaldhotel Leipe
Dorfstr. 20, 03226 Lübbenau/Leipe
Tel. 03542/2234, Fax 03542/3891
21 Zimmer, EZ 47–62, DZ 65–95 Euro
Restaurant, Fahrrad- und Bootsverleih

Hotel Kaisermühle
Forststr. 13, 15299 Müllrose/Kaisermühle
Tel. 033606/880, Fax 033606/88100
14 Zimmer, EZ 47–60, DZ 70–90 Euro
Fahrrad- und Bootsverleih, Reitmöglichkeit

Wohnen auf hohem Niveau

Kempinski Hotel Bad Saarow Sporting Club Berlin
Parkallee 1, 15526 Bad Saarow-Pieskow/Silberberg, Tel. 033631/60, Fax 033631/62000
200 Zimmer, 63 Appartements, 43 Suiten
EZ ab 138, DZ ab 153, Appartements ab 475, Suiten ab 225 Euro, Frei- und Hallenbad, Whirlpool, Sauna, Solarium, Beautyfarm, Rad- und Bootsverleih, Reitmöglichkeit, Golfplatz (18 Loch)

Romantikhotel Zur Bleiche
Bleichestr. 16, 03096 Burg/Spreewald
Tel. 035603/620, Fax 035603/60292
90 Zimmer, EZ 110, DZ 185–230, Suite 290 Euro, 6 verschiedene Restaurants, Landtherme, Massagen, Bäder, Packungen, Fahrrad- und Paddelbootverleih, Kahnfahrten

Holiday Inn
Berliner Straße, 03046 Cottbus
Tel. 0355/3660, Fax 0355/366999
182 Zimmer, 11 Suiten, EZ 75–140, DZ 120–165, Suiten 165–200 Euro, Fitnessraum, Solarium

Radisson SAS Hotel Cottbus
Vetschauer Str. 12, 03048 Cottbus
Tel. 0355/47610, Fax 0355/4761900
230 Zimmer, 11 Suiten, EZ 75–110, DZ 75–120, Suiten 120–250 Euro, Hallenbad, Sauna, Solarium, Fitnessraum, Fahrradverleih

Hotel Goldner Hirsch
Markt 10, 01917 Kamenz
Tel. 03578/301221, Fax 03578/304497
37 Zimmer, 2 Appartements, Suiten
EZ 80–164, DZ 118–200, Appartements 113–150, Suiten 100–138 Euro, Sauna, Solarium, Radverleih

Romantik Hotel Zum Weber
Bautzener Str. 20, 02681 Kirschau
Tel. 03592/5200, Fax 03592/520599
31 Zimmer, 5 Suiten, EZ 60, DZ 70–90, Suiten 100–130 Euro, Sauna, Solarium, Beautyfarm, Fahrradverleih, Reitmöglichkeit

Hotel Gondelfahrt
Großschönauer Str. 38, 02796 Kurort Jonsdorf
Tel. 035844/7360, Fax 035844/73659
36 Zimmer, 3 Suiten, EZ 33–48, DZ 50–97 Euro, Schwimmbad, Sauna, Solarium, Beauty- und Wellness-Programm, Restaurant, hauseigene Karpfen- und Forellenzucht

Parkhotel Schloß Wulkow
15320 Neuhardenberg/Wulkow
Tel. 033476/580, Fax 033476/58444
50 Zimmer, EZ 50–90, DZ 75–115 Euro
Solarium, Sauna, Fitnessraum, Tennisplatz, Fahrradverleih, Reitmöglichkeit, Golfplatz (36 Loch)

Hotel Schloß Hubertushöhe
Robert-Koch-Str. 1, 15859 Storkow (Mark)/Hubertushöhe, Tel. 033678/430, Fax 033678/43100, 19 Zimmer, 3 Suiten, EZ 90–310, DZ 105–325, Suiten 230–425 Euro
Beachtenswertes altes Ambiente, Strandbad, Fahrrad- und Bootsverleih, Reitmöglichkeit

Stilvolle Architektur und Ausstattung

Alte Gerberei Weinstube
Uferweg 1, 02625 Bautzen
Tel. 03591/301011, Fax 03591/301004
8 Zimmer, EZ 35–50, DZ 60–75 Euro
Barockgebäude (17. Jh.), Radverleih, Reitmöglichkeit

Bon-Apart-Hotel
Elisabethstr. 41, 02826 Görlitz
Tel. 03581/48080, Fax 03581/480811
30 Zimmer, EZ 175, DZ 100 Euro
Fahrradverleih, Reitmöglichkeit

Hotel Tuchmacher
Peterstr. 8, 02826 Görlitz
Tel. 03581/47310, Fax 03581/473161
41 Zimmer, EZ 73–105, DZ 98–105 Euro
Sauna, Solarium, Fitnessraum

Hotel Schloß Lübbenau
Schloßbezirk 6, 03222 Lübbenau
Tel. 03542/8730, Fax 03542/873666
46 Zimmer, EZ 60–100, DZ 90–140 Euro
Whirlpool, Sauna, Solarium, Fitnessraum, Fahrrad- und Bootsverleih, Reitmöglichkeit

Preiswert und empfehlenswert

Hotel Haufe
Cottbuser Str. 123, 03149 Forst (Lausitz)
Tel. 03562/2844, Fax 03562/2845
7 Zimmer, EZ 30–40, DZ ab 60 Euro
Sauna, Solarium

Hotel Seeblick
Gubener Str. 5, 15907 Lübben (Spreewald)
Tel. 03546/2320, Fax 03546/232200
28 Zimmer, EZ 40–45, DZ 50–65 Euro
Sauna, Solarium, Fahrrad- und Bootsverlei

Pension Mönchsberg
Florastr. 25c, 15374 Müncheberg
Tel. 033432/367, Fax 033432/505
12 Zimmer, EZ 50, DZ 65 Euro
Fahrradverleih, Reitmöglichkeit

Gasthaus Paesch
Hauptstr. 27, 15528 Spreenhagen
Tel. 033633/216, Fax 033633/65741
10 Zimmer, EZ 35–45, DZ 48–55 Euro
Fahrrad- und Bootsverleih, Reitmöglichkeit

Hotel Zur Post
Lange Str. 24, 03130 Spremberg
Tel. 03563/39550, Fax 03563/395530
19 Zimmer, EZ 38–43, DZ 53–70 Euro
Fahrradverleih

City-Hotel
Poststr. 10, 03119 Welzow
Tel. 035751/2204, Fax 035751/13593
23 Zimmer, EZ 40, DZ 65 Euro

RESTAURANTS

Speisen auf hohem Niveau

Gewölberestaurant im Gutshof Hedicke
Neißetalstr. 53b, 02829 Görlitz/Ludwigsdorf
Tel. 03581/38000, Fax 03581/380020
Hauptgericht 19 Euro im Durchschnitt
Menü ca. 21–32 Euro

Restaurant Goldener Hirsch
01917 Kamenz (siehe Hotels)
Nur abends geöffnet, sa/so auch mittags
Hauptgericht 14 Euro im Durchschnitt
Menü ca. 20–47 Euro

Restaurant Windspiel im Schloß Hubertushöhe
15859 Storkow (Mark)/Hubertushöhe (siehe Hotels)
Hauptgericht 26 Euro im Durchschnitt

Hier stimmt alles

Restaurant Lakeside
Kempinski Hotel Bad Saarow Sporting Club Berlin
15526 Bad Saarow-Pieskow/Silberberg (s. Hotels)
Hauptgericht 15 Euro im Durchschnitt

Weberstube im Romantik Hotel Zum Weber
02681 Kirschau (siehe Hotels), Hauptgericht 8 Euro im Durchschnitt, Menü ca. 14–33 Euro

Landgasthof Zum grünen Strand der Spree
Dorfstr. 53, 15910 Schlepzig
Tel. 035472/6620, Fax 035472/473
Hauptgericht 13 Euro im Durchschnitt
Meü ca. 18–33 Euro

Restaurant im Hotel Erbgericht Tautewalde
Tautewalde 61, 02681 Wilthen/Tautewalde
Tel. 03592/38300, Fax 03592/383299
Hauptgericht 11 Euro im Durchschnitt
Menü ca. 15–40 Euro

Restaurant im Hotel Im Schweinekoben
Dorfstr. 12, 02979 Wittichenau/Spohla
Tel. 035725/7520, Fax 035725/752104
Ruhetag Montag mittags
Hauptgericht 15 Euro im Durchschnitt
Menü ca. 15–33 Euro

Regionale und preiswerte Speisen

›Seerose‹ im Akzenthotel Eduardshof
Eduardshof 8, 16259 Bad Freienwalde
Tel. 03344/4130, Fax 03344/413180
Hauptgericht 8 Euro im Durchschnitt
Außerdem: Eiscafé am Teich

Atrium im Spree Hotel
An den Steinbrüchen, 02625 Bautzen/Burk
Tel. 03591/21300, Fax 03591/213010
Gartenlokal, Kegelbahnen
Hauptgericht 9 Euro im Durchschnitt

Restaurant im ›Goldenen Adler‹
Hauptmarkt 4, 02625 Bautzen
Tel. 03591/48660, Fax 03591/486620
Hauptgericht 8 Euro im Durchschnitt

Restaurant im Waldhotel Eiche
03096 Burg (Spreewald)/Kauper (siehe Hotels)
Hauptgericht 9 Euro im Durchschnitt

Gasthof Dreibeiniger Hund
Büttnerstr. 13, 02826 Görlitz
Tel. 03581/423980, Fax 03581/423979
Hauptgericht 8 Euro im Durchschnitt

Restaurant im ›Kulmbacher Postillion‹
Aufgangstr. 6, 02827 Görlitz/Biesnitz
Tel. 03581/740966, Fax 03581/740948
Hauptgericht 8 Euro im Durchschnitt

Restaurant im Waldhaus Prieros
Waldstr. 1, 15752 Prieros
Tel. 033768/9990, Fax 033768/50252
Gartenlokal und Terrasse
Hauptgericht 7 Euro im Durchschnitt

Restaurant im Hotel Annablick
Ernst-Thälmann-Str. 82a, 15344 Strausberg/Vorstadt, Tel. 03341/423917, Fax 03341/471829
Nur abends geöffnet
Hauptgericht 8 Euro im Durchschnitt

CAFÉS

Café Urban
Hauptstr. 39, 03096 Burg (Spreewald)
Tel. 035603/448

Brunnencafé
Karl-Marx-Str. 8, 15230 Frankfurt/Oder
Tel. 0335/23683

Café Freudenberg
Strassburg-Passage/Jacobstraße, 02826 Görlitz
Tel. 03581/417509, Fax 03581/417510
Öffnungszeiten 8–18.30, sa/so bis 18 Uhr

Turmcafé
Bahnhofstr. 30, 02943 Weißwasser
Tel. 03576/241097, Fax 03576/206378
so abends geschl.

Hermanns Café
Schwarzhorner Weg 18, 15864 Wendisch Rietz
Tel. 033679/5167

Stand: August 2000

Von Varta-Experten geprüft; weitere Adressen im Varta-Führer (im Buchhandel erhältlich)

Touristik-Informationen

Sorbisches Brauchtum

Die wichtigsten Bräuche im Jahr: Bei der Vogelhochzeit am **25. Januar** schlüpfen die Kinder in Vogelgewänder. Als Dank für das Füttern über den Winter erhalten die Jüngsten Gebäck und Süßigkeiten. Vor dem **Fastnachtstanz** wird gezampert: Die Verkleideten bitten dabei um Kleingeld für den Abend. Zu **Ostern** werden Ostereier in kleine Kunstwerke verwandelt, Ostersonntag die Pferde zum Osterritt gesattelt. Das Hexenbrennen am **30. April** begehen Sorben und Deutsche mittlerweile gleichermaßen: Eine Lumpen-Hexe wird als Symbol des Winters im Feuer verbrannt. Am selben Tag wird der Maibaum mit einer Birke an der Spitze aufgerichtet. Dazu gibt es ein Dorffest. Im **August** Erntedankfeste mit Geschicklichkeitswettbewerben: Kranzstechen, Hahnrupfen und Stollenreiten. Im **Dezember** gehen das Bescherkind, in Sollschwitz die heilige Barbara, in der Niederlausitz Jansojski Bog mit Geschenken von Tür zu Tür.

Souvenirs

Blaudruckstoffe, Bleikristall aus Döbern, Bukowina (Spreewälder Bitter), Cottbuser Baumkuchen, Gemüsekonserven aus dem Spreewald, Herrnhuter Weihnachtssterne, Keramik, Klosterbräu aus Neuzelle, Lausitzer Leinöl, Oberlausitzer Damast- und Frottierware, Pulsnitzer Pfefferkuchen, Spreewaldpuppen, verzierte Ostereier.

Sport

Angeln: In Teichen, Seen, fließenden Gewässern leben u.a. Hecht, Zander, Karpfen, Aal, Schleie. Für viele Gewässer reicht der staatliche Fischereischein, für manche ist die Erlaubnis des jeweiligen Fischereimeisters oder Teichpächters erforderlich. **Klettern:** Traditionelles Klettergebiet ist das Zittauer Gebirge; Klettersteig (mittel bis schwer) mit großem Überhang, ausgesetzten Quergängen und wenigen Steighilfen vom Kurort Jonsdorf zu den Nonnenfelsen. In den Königshainer Bergen bei Görlitz klettert man in ehem. Granitsteinbrüchen. In die wassergefüllten Brüche muss man sich zuerst von oben nach unten abseilen, um mit dem Bezwingen der Steilwand zu beginnen. In Kolkwitz bei Cottbus gibt's Kletterkurse am Braschelstein, einem künstlichen Kletterfelsen. **Radfahren:** Spree-Radfernweg (370 km) von den Spreequellen im Oberlausitzer Bergland bis vor die östlichen Tore Berlins; Radweg-Logo mit Quellfontäne im grünen Bergland, Spree und Brandenburger Tor. Die wichtigsten Stationen sind Bautzen, Spremberg, Cottbus, Lübbenau, Lübben, Beeskow und Fürstenwalde mit Regionalbahn-Anschluss nach Berlin. Oder-Neiße-Fernradweg: Beginn nahe der Neißequelle im nordböhmischen Jablonec nad Nisou (Gablonz an der Neiße), über den Fuß- und Radfahrergrenzübergang Hartau in die Oberlausitz nach Zittau, Görlitz, Bad Muskau, weiter in die Niederlausitz nach Forst und Guben. Bei Ratzdorf mündet die Neiße in die Oder. Über Eisenhüttenstadt und Frankfurt/O. führt die markierte Route durch das Oderbruch bis zur Ostsee. Neben den Fernradwegen, darunter auch die Brandenburg-Tour, gibt es viele regionale Routen: Theodor-Fontane-Weg (Oderbruch/Märkische Schweiz), Gurkenradweg (Spreewald und Umgebung), Froschradweg (Oberlausitzer Heide- und Teichlandschaft), Umgebindehaus-Radweg (Oberlausitzer Bergland/Zittauer Gebirge). Die besten Asphaltwege nur für Radfahrer und Skater besitzt der Spree-Neiße-Kreis (zwischen Neiße und Spreewald). Die Tourismusverbände (siehe Adressen) senden entsprechendes Infomaterial zu und organisieren Radtouren mit Gepäcktransport. **Reiten:** Im ländlichen Raum entstehen immer mehr Reiterhöfe. Auskünfte erteilen die Tourismusverbände (siehe Adressen). **Wandern:** Ostbrandenburg und Ostsachsen bieten ein weit verzweigtes Wanderwegenetz. Die Fernwanderwege E 3 (Ardennen–Budapest), E 10 (Ostsee–Mittelmeer) führen durch die Lausitz. Eine der attraktivsten Routen ist der Oberlausitzer Bergwanderweg (112 km) von Neukirch nach Zittau. Infos über regionale Wanderwege versenden die Fremdenverkehrsämter auf Anfrage, auch über Wandern ohne Gepäck. **Wassersport:** Märkisch-Oderland, das Oder-Spree-Seengebiet, die Dahme-Heideseen sowie Nieder- und Oberlausitz besitzen hervorragende Reviere für alle Wassersportaktivitäten. Kajak- und Kanufreunde zieht es besonders in den Spreewald. Auf Dahme und Spree können Wasserwanderer in 4–5 Tagen Berlin erreichen (Camping-, Rast- und Biwakplätze). Weniger bekannt sind Flusstouren von Guben auf Lausitzer Neiße und Oder; Tipps gibt die Broschüre ›Mit dem Kanu durch das Land Brandenburg‹ (Tourismus-Marketing-Brandenburg). Bade-, Surf-, Segel- und Tauchreviere sind die großen Lausitzer Seen. **Wintersport:** Das beste Wintersportgebiet ist das Zittauer Gebirge. In Waltersdorf (Schnee-Tel. 035841/35745) 5 Abfahrtspisten, darunter Ostdeutschlands steilste am Nordhang der Lausche, 4 Skilifte, Rodelbahnen (Am Butterberg, Eisgasse), Skiwanderwege Lauschekamm (2 km), Buchberg (2,5 km), grenzüberschreitende Skiwanderwege nach Böhmen, Pendelbus vom zentralen Parkplatz zum Skigebiet. In Lückendorf am Sommerberg Skiwanderweg (3,5 km) und Abfahrtspiste (Skilift). In Kurort Oybin 6 Rodelhänge, Ski- und Schlittenverleih (Tel. 035844/70335). In Kurort Jonsdorf 2 Rodelhänge (Lauscheweg/Hohlsteinweg, Jonsberg), Skiwanderwege Buchberg (2,5 km) und Jonsberg (4,5 km), Schlitten- und Skiverleih (Tel. 035844/70171), Pferdeschlittenfahrten (Tel. 035844/72085).
Auch im Oberlausitzer und Westlausitzer Bergland gibt's Abfahrtspisten mit Skiliften, so in Schirgiswalde, Wehrsdorf, Großpostwitz, Kohlich/Ohorn, Steina und Elstra. Eissporthallen (ganzjährig) in Kurort Jonsdorf, Weißwasser, Niesky. Bei Dauerfrost Schlittschuhlaufen auf den Spreewald-Fließen.

Souvenir aus der Lausitz: Ostereier, die liebevoll in Ätz-, Kratz- und Wachstechnik zu kleinen Kunstwerken verwandelt wurden.

Theater, Konzerte, Film

Theater (Auswahl): Bad Freienwalde, Bautzen, Beeskow, Buckow, Cottbus, Görlitz, Kamenz, Königs Wusterhausen, Kurort Jonsdorf, Lübben, Senftenberg, Zittau. **Konzerte** (Auswahl): Bautzen, Bad Muskau, Beeskow, Bischofswerda, Cottbus, Crostau, Doberlug-Kirchhain, Frankfurt/O., Großräschen, Guben, Hoyerswerda, Kamenz, Kurort Jonsdorf, Löbau, Lübben, Luckau, Neuzelle, Rammenau, Schenkendorf, Senftenberg, Sohland/Spree, Zittau. **Film:** Cottbus, Festival des jungen Osteuropäischen Films (Nov.).

Wetterdaten

Cottbus	Tages-temp. max.	Nacht-temp. min.	Tage mit Nieder-schlag	Sonnen-stunden pro Tag
Januar	2°	–3°	9	2
Februar	4°	–3°	8	3
März	8°	0°	8	4
April	14°	3°	8	6
Mai	19°	8°	9	7
Juni	23°	12°	10	8
Juli	24°	13°	8	7
August	24°	13°	8	7
September	20°	10°	8	5
Oktober	14°	6°	7	4
November	8°	2°	10	2
Dezember	3°	–1°	11	1

Durchschnittswerte Quelle: Deutscher Wetterdienst, Hamburg

Hier wird Gastfreundschaft groß geschrieben

Register

(**Fettgedruckte** Ziffern verweisen auf Autoatlas, unterstrichene Ziffern auf Abbildungen)

Zeichenerklärung Karten

Verkehr

Autobahn mit Anschlussstelle	5 Cottbus - Süd
Autobahn in Bau - geplant	
Tankstelle, - mit Kleinraststätte - Parkplatz - Rasthaus, - mit Motel	"Freienhufen"
Vier- o. mehrspurige Straße - in Bau - geplant	
Bundesstraße - in Bau - geplant	
Wichtige Hauptstraße - in Bau - geplant	
Hauptstraße - in Bau - geplant	
Nebenstraße - in Bau	
Sonstige Straßen, nur bedingt befahrbar	
Fahrweg - Fußweg	
Gebührenpflichtige Straße - Für Kfz gesperrte	
Bedarfsumleitung für den Autobahnverkehr	24
Autobahn-, Bundesstr.-, Europastraßennummer	13 96 E55
Entfernungen an Autobahnen in km	37
Entfernungen an übrigen Straßen in km	22 11
Eisenbahn mit Bahnhof - Güterverkehr	
Industriebahn	
Flughafen - Flugplatz - Segelflugplatz	

Sehenswürdigkeiten

Besonders sehenswerter Ort	COTTBUS
Sehenswerter Ort	LÜBBENAU
Besondere Natursehenswürdigkeit	*Schrammsteine*
Sonstige Sehenswürdigkeit	*Freilichtmuseum*
Wo-gibt-es-was ? - Hinweis	
Landschaftlich schöne Strecke	
Touristenstraße	Deutsche Alleenstr.
Naturpark - Naturschutzgebiet - Aussichtspunkt	NSG
Wildgehege - Zoolog. Garten - Botan. Garten	
Burg, Schloß - Kloster - Ruinen	
Sehenswerte Kirche - Kirche - Kapelle	
Forsthaus - Markanter Nadel-, Laubbaum	
Denkmal - Höhle	
Aussichtsturm - Wasserturm - Funk- o. Fernseht.	
Windmühle - Wassermühle	
Bergwerk - Bergwerk außer Betrieb - Erdölförderpumpe	

Sonstiges

Einzeln stehendes Hotel oder Gasthaus - Motel	
Schutzhütte - Jugendherberge - Naturfreundehaus	
Campingplatz ganzjährig, - nur im Sommer	
Schwimmbad - Heilbad	
Stadion - Sportplatz	
Tagebau	
Wald - Sperrgebiet	
Staatsgrenze mit Grenzübergang	
Ländergrenze - Kreisgrenze	

Impressum

1. Auflage 2000

Verlag: HB Verlag, Marco-Polo-Zentrum, 73760 Ostfildern, Postfach 3151, 73751 Ostfildern, Telefon 0711/4502-0, Telefax 0711/4502-135. Internet: www.hb-verlag.de

Geschäftsführer: Dr. Thomas Brinkmann, Dr. Stephanie Mair-Huydts © HB Verlag, 2000, für den gesamten Inhalt, soweit nicht anders angegeben

Redaktion und Produktion: Harksheider Verlagsgesellschaft mbH, Fabersweg 1, 22848 Norderstedt, Telefon 040/528862-0, Telefax 040/5234056, E-Mail HVGmbh@aol.com

Redaktion: Ulrike Klugmann (verantwortlich), Helga Schnehagen, Christoph Schumann **Redakteurin dieser Ausgabe:** Helga Schnehagen **Text und Bildrecherche:** Kerstin & André Micklitza, Cottbus **Exklusiv-Fotografie:** Jörg Axel Fischer, Hannover

Layout: Rolf Bünermann, Gütersloh **Kartografie:** © Mairs Geographischer Verlag, Ostfildern

HB-Bildatlas Fotoservice: Harksheider Verlagsgesellschaft mbH, Fabersweg 1, 22848 Norderstedt, Telefon 040/528862-22, Telefax 040/5234056

Anzeigenalleinverkauf: KV Kommunalverlag GmbH, Postfach 810565, 81905 München, Telefon 089/928096-24, Telefax 089/928096-20

Vertrieb Zeitschriftenhandel: Partner Pressevertrieb GmbH, Postfach 810420, 70521 Stuttgart, Telefon 0711/7252-227, Telefax 0711/7252-310

Vertrieb Abonnement und Einzelhefte: Zenit Pressevertrieb GmbH, Postfach 810640, 70523 Stuttgart, Telefon 0711/7252-198, Telefax 0711/7252-333

Vertrieb Buchhandel: Mairs Geographischer Verlag, Marco-Polo-Zentrum, 73760 Ostfildern, Telefon 0711/4502-0, Telefax 0711/4502-340

Reproduktionen: Otterbach Repro GmbH & Co., Rastatt **Druck und buchbinderische Verarbeitung:** Echter Würzburg. Printed in Germany

ISBN 3-616-06115-6